COMPRENDRE LA PROCRASTINATION

Le guide anti procrastination qui se préoccupe de votre bien-être !

AUDE RÉCO

COMPRENDRE LA PROCRASTINATION

Le guide anti procrastination qui se préoccupe de votre bien-être !

© 2020, Aude Réco
Édition : BoD – Books on Demand
12/14 rond-point des Champs-Élysées, 75008 Paris

Impression : BoD – Books on Demand,
Norderstedt, Allemagne

ISBN : 978-2-3221-6109-6

Dépôt légal : juin 2020

TABLE DES MATIÈRES

1. COMPRENDRE LA PROCRASTINATION

Fâcheuse tendance à reporter au lendemain (ou à jamais) ce que l'on peut faire le jour même, la procrastination est un fléau pour qui aimerait (se mettre à) écrire.

Ce terme, né du latin *pro* (« en avant ») et *crastinus* (« du lendemain »), est entré dans le langage courant il y a quelques années, mais beaucoup pensent encore, à tort, qu'un·e « retardataire chronique » est quelqu'un qui ne fait rien. (Un·e fainéant·e, n'ayons pas peur des mots, c'est précisément le domaine qui nous intéresse ici.)

Écrire, c'est maîtriser certaines bases fondamentales, à commencer par le contraire de la procrastination. Écrire, c'est agir. C'est trouver la motivation nécessaire pour alimenter la machine. C'est se constituer une boîte à outils anti procrastination. À vous de voir si vous voulez puiser dans des applications, des logiciels ou des bloqueurs de réseaux sociaux ; si vous voulez tester l'écriture sur papier, loin des écrans et de la tentation d'Internet (même si ce n'est pas forcément pratique quand on a une recherche à faire, de dernière minute ou non), mais, toujours, interrogez votre motivation avant de vous lancer. Toujours, demandez-vous si vous êtes prêt·e à aller jusqu'au bout, à essayer, à prendre le temps. De même, voyez en fonction de vos aptitudes et connaissances. Par exemple, si écrire sur un sujet qui nécessite beaucoup de recherches est enrichissant, il faut compter un temps supplémentaire pour réunir et parcourir la documentation nécessaire.

Écrire, c'est aller au-devant de ses angoisses et ne pas se laisser impressionner par la quantité de travail à fournir. Mais, en toute honnêteté, écrire, c'est aussi procrastiner. Parfois. Oui, la procrastination a du bon, mais, comme pour les chocolats, il ne faut pas en abuser. (C'est plus pratique quand elle ne découle pas d'une piètre estime de soi, je vous le concède.)

Cette première partie dédiée à la procrastination explorera ses sources, multiples, ses mécanismes et automatismes. Elle décortiquera ses procédés et vous permettra, je l'espère, de les anticiper, si ce n'est vous en débarrasser.

Plus que remettre au lendemain une tâche que l'on peut accomplir le jour même, la procrastination consiste à reporter une tâche *précise*, généralement problématique. Procrastiner n'est donc pas ne rien faire. Procrastiner ne revient pas à passer le plus clair de son temps sur les réseaux sociaux, par exemple. Tout à coup, on a juste cinq mille choses à faire histoire d'éviter le problème, plutôt que le régler.

La procrastination, comme ça, n'a l'air de rien, mais elle peut réduire à néant de beaux efforts. Par ailleurs, elle peut cacher d'autres sources qu'un bête manque de motivation.

Au chapitre des causes de la procrastination, nous pouvons citer :

- le manque de motivation
- le manque de concentration ou la difficulté à se concentrer
- l'absence d'organisation ou une organisation qui ne correspond pas (ou plus) à l'auteur·rice
- une mauvaise gestion du temps
- un manque, voire une absence, de l'estime de soi (légitimité, syndrome de l'imposteur)
- la peur de l'échec.

Afin de lutter contre la procrastination, il convient d'en déterminer la ou les causes.

Exercice n° 1 :

Avant de vraiment entrer dans le vif du sujet, je vous propose une petite série de questions destinée à vous interroger sur la ou les causes de votre procrastination :

1. estimez-vous avoir mieux à faire qu'écrire ? Quoi, par exemple ?
2. Vous découragez-vous rapidement ? Si oui, à quelle fréquence ?
3. Qu'en est-il de vos projets ? Les menez-vous à terme ? Si oui, à quelle fréquence ?
4. Quelque chose vous gêne-t-il dans l'acte d'écrire ?
5. Parvenez-vous à une organisation qui vous satisfait ? (Sur une échelle d'un à cinq.)
6. Combien de temps allouez-vous à l'écriture par semaine ? Combien de temps allouez-vous à l'écriture par semaine *et* par rapport aux autres activités ? pouvez-vous faire mieux ? Pourquoi ?

Selon ce que vous aurez répondu, vous pourrez déterminer vos priorités et vous fixer des objectifs pour lutter efficacement contre la procrastination. S'il est un procédé qui ne fera pas ses preuves, ni sur vous ni sur quiconque, c'est de vouloir tout faire en même temps, sans chercher à se comprendre.

Je vous invite donc à répondre sérieusement aux questions avant de passer au prochain chapitre.

Exercice n° 2 :

Vous avez répondu aux cinq questions précédentes, donc, normalement, vous y voyez un peu plus clair, maintenant. À ce titre, je mets un nouvel exercice à votre disposition : il consiste à trouver vos propres solutions ou, au moins, vos propres pistes pour lutter contre la procrastination.

L'idéal serait d'y revenir à intervalles réguliers pour y ajouter de nouveaux éléments, et, surtout, observer votre progression et votre compréhension de vos habitudes, bonnes ou mauvaises.

Procédez exactement comme vous le souhaitez, choisissez les intervalles qui vous arrangent... Cet exercice n'est pas une contrainte, alors, voyez-le comme un coup de pouce !

2. PROCRASTINATION ET MOTIVATION

Écriture et motivation cohabitent. L'une influencera l'autre, pas à parts égales, mais chacune permettra à l'autre d'exister.

La motivation amène à l'écriture. La vue du travail accompli nourrit la motivation.

Les deux se bâtissent petit à petit – un peu chaque jour, vous diront certain·e·s, mais ça ne fonctionne pas sur tout le monde, sachez-le. Tant que vous n'écrivez pas une fois par mois en espérant progresser, l'écriture ne vous décevra pas. Si, en revanche, vous escomptez vous améliorer, il va sans dire qu'une écriture régulière est nécessaire, mais « régulière » n'est pas « tous les jours ». (J'y reviens dans le chapitre 6.)

La production dépend de l'écriture, qui, elle-même, dépend de la motivation. Sans motivation, point d'écriture, et, point de travail accompli, point de motivation à puiser dans ce résultat.

Écrire, c'est aussi se remettre en question.

Si écriture et motivation se complètent, la seconde est celle qui se manifeste dès le début du processus créatif. D'elle découle l'envie d'écrire, se développe l'intérêt pour une histoire, pour ses personnages, son atmosphère…

Quand la motivation est au point mort, il faut la relancer. C'est plus facile à dire qu'à faire, mais il existe des procédés qui peuvent aider.

Je ne suis pas pour une routine vaille que vaille, car les rouages de l'esprit sont trop complexes, je pense, pour se limiter à une succession de tâches toujours identiques. Certaines personnes s'ennuient dans une routine, car elles préfèrent avancer au jour le jour, ce qui ne les empêche pas de progresser. Bien au contraire, puisqu'elles fonctionnent selon un procédé qui leur convient.

Écrire, ce n'est pas toujours s'engoncer dans une routine. Néanmoins, instaurer une routine peut avoir un côté réconfortant. On a, ainsi, l'impression de savoir où l'on va et de contrôler le processus. La routine permet aussi de renouer avec les habitudes (les bonnes comme les mauvaises) et procure la sensation de se retrouver, de se réapproprier ses propres marques.

Exercice n° 3 :

Pour apprendre à mieux faire connaissance avec vous-même, répondez aux questions suivantes :

- Avez-vous réellement envie d'écrire ? De vous y re-mettre ?
- Qu'est-ce qui cloche dans votre volonté ? Est-ce un manque de temps ? Est-ce un manque *réel* de temps ou procrastinez-vous beaucoup ? Trop ? En avez-vous conscience ? Vous êtes-vous seulement posé la question ?
- Vous posez-vous les bonnes questions ?
- Qu'est-ce qui freine votre motivation ?

Essayez de répondre en restant læ plus objectif·ve possible. Voyez si vous pouvez déterminer les causes de votre manque ou absence de motivation. Sont-elles physiques (fatigue), liées à l'état d'esprit (estime de soi, syndrome de l'imposteur...) ou tem-porelles ?

3. PROCRASTINATION ET CONCENTRATION

Beaucoup s'accordent à dire que le monde hyperconnecté dans lequel nous vivons ne facilite pas la tâche à celleux qui rencontrent des difficultés de concentration.

Le smartphone qui « bloup » ou « clong » à longueur de temps pour transmettre des notifications à son·a propriétaire, les applications – toujours plus nombreuses – pour partager ses lectures, ses séries télé visionnées et toutes les autres ont tendance à arracher à leurs occupations les moins concentré·e·s d'entre nous.

Si la procrastination est souvent affaire de motivation en berne, elle peut aussi résulter d'un manque de concentration. (Qui, elle-même, découle d'autres causes : fatigue, stress, Internet...) Un monde hyperconnecté n'est pourtant pas la cause à tous les manques de concentration. Ça, c'est l'excuse que beaucoup mettent en avant sans chercher à comprendre les motifs de leur procrastination.

La concentration est essentielle pour (espérer) atteindre ses objectifs, à condition de les avoir clairement définis, de prévoir une plage horaire suffisante et de ne faire qu'une chose à la fois.

Une *To-Do List* trop chargée exercera l'effet inverse sur une concentration difficile. La pression engendrée par le nombre de tâches conduira à vouloir tout mener de front, le plus vite possible, auquel cas aucune des trois conditions propices à une bonne concentration ne sera remplie :

- des objectifs clairement définis
- une plage horaire suffisante
- ne faire qu'une chose à la fois.

C'est, notamment, la raison pour laquelle j'ai fini par opter pour des *To-Do Lists* quotidiennes, plutôt qu'hebdomadaires : arriver à des objectifs clairement définis. (En plus d'allouer à mes tâches des créneaux plus stricts et mieux aménagés.)

Pour ma part, je dresse ma ou mes listes chaque matin, avant d'attaquer le travail. (Avant, je remplissais mon Bullet Journal le soir, mais ça avait tendance à augmenter mon temps d'endormissement parce que je ne pouvais pas m'empêcher de réfléchir aux tâches du lendemain.)

En le remplissant le matin, non seulement, je commence en douceur, mais j'en profite aussi pour planifier selon ma motivation pour une tâche précise. (Généralement, j'écris le matin et corrige l'après-midi, mais il m'arrive de préférer corriger le matin pour me débarrasser du plus pénible.)

Si vous savez quel(s) objectif(s) vous souhaitez atteindre, vous pourrez tout mettre en œuvre pour y parvenir.

Soyez précis·e quant aux tâches à accomplir. Concentrez-vous sur une tâche prévue, sans imaginer ce qu'il pourrait arriver de catastrophique ni essayer de prévoir ce qu'il se passera si X ou si Y.

Se concentrer sur une tâche implique, évidemment, de laisser smartphone et autres distractions de côté. (On range son livre, celleux du fond, je vous vois !) Si vous pouvez vous passer d'Internet et de votre ordinateur pour ladite tâche, vous pouvez essayer de travailler sur papier.

Enfin, si vous savez ne pas être capable de rester concentré·e plus d'une demi-heure, ne prévoyez pas des sessions de travail de quarante-cinq minutes.

Prévoir une plage horaire suffisante permet d'appréhender une tâche sans pression. (Je rappelle que, chez certaines personnes – dont je ne fais pas partie –, le stress accroît le manque de concentration.)

Prévoir une plage horaire suffisante est un procédé simple qui fera pleinement ses preuves si vous aménagez des créneaux optimaux. Si vous êtes plutôt du soir et que vous vous attelez à l'écriture le matin, alors que vos réveils sont difficiles et que vous prenez les transports en commun, vous ne mettez pas toutes les chances de votre côté :

1. vous écrivez dans un état de fatigue plus ou moins prononcé et n'avez pas tout à fait les sens en alerte pour une bonne session d'écriture (pire, à terme, vous risquez d'associer l'écriture à une activité désagréable)

2. écrire dans les transports en commun n'est pas toujours la bonne solution, bien qu'elle fonctionne pour certain·e·s : le bruit, la peur de louper son arrêt ou l'impression que quelqu'un lit par-dessus votre épaule sont autant de facteurs qui altèrent la concentration.

Surtout, prévoyez des pauses suffisamment longues et nombreuses !

Ne faire qu'une chose à la fois implique de ne penser qu'à une chose à la fois, et, donc, de réduire le stress pour accroître la concentration. (Du moins, je vous le souhaite !)

Tout le monde n'est pas fait pour accomplir deux tâches en même temps, et, de toute façon, l'écriture est un art délicat qui nécessite une pleine concentration. Moi-même, qui ne suis absolument pas monotâche, je mets de côté tout ce qui ne concerne pas mon boulot en cours pour éviter, notamment, de mélanger deux projets et me demander pourquoi j'ai l'impression d'avoir déjà utilisé telle ou telle expression aujourd'hui.

Mais, je vous l'accorde, les points que je viens de soulever relèvent essentiellement de ce qui peut être plus ou moins facilement modifié, adapté.

D'autres causes au manque de concentration se révèlent plus vicieuses, comme une faible estime de soi, une sensation de perte de temps ou le syndrome de la page blanche. (La liste n'est pas exhaustive.)

Parfois, le manque de concentration résulte d'un blocage plus intime.

Écrire, c'est un peu expérimenter nos propres sentiments. On n'est pas tou·te·s prêt·e·s à céder une part de nous dans un manuscrit.

Imaginer une scène, pour un·e auteur·rice, c'est la vivre, avec ce que cela implique d'émotions, de réactions... Elle rappellera parfois une expérience vécue, bonne ou mauvaise, ravivera des défaites et des blessures. C'est très intime. On n'a pas toujours envie de parler de soi, de franchir la limite, très ténue, entre soi-même et ses personnages.

Le rapport auteur·rice/personnages, par l'intimité qui en découle, peut générer un blocage : la page blanche.

Plein d'éléments ou événements peuvent déclencher un syndrome de la page blanche, mais je suis à peu près sûre qu'il y a un lien avec cette intimité.

Pourtant, le syndrome de la page blanche n'est pas une fatalité, et s'en alarmer sans raison peut, justement, amener au néant tant redouté.

Le syndrome de la page blanche n'empêche pas d'atteindre ses objectifs. Je m'explique : le syndrome de la page blanche, c'est de ne pas réussir à coucher sur papier ses idées, que l'auteur·rice trouvera systématiquement mauvaises, mais :

- le syndrome de la page blanche n'empêche pas d'avoir des idées, puisque le problème réside, la plupart du temps, dans le jugement qu'on leur porte
- c'est le fait d'avoir un but à atteindre qui aura tendance à repousser le syndrome de la page blanche, puisque la « pensée positive » stimulera la concentration.

Par ailleurs, prendre le temps et ne pas forcer peut, dans certains cas, vous ramener à une écriture plus naturelle.

De nombreuses méthodes existent pour accroître sa concentration. Certaines se basent sur l'outil, plutôt que l'esprit, d'autres misent sur des habitudes ou, au contraire, un changement d'habitudes.

Au-delà des techniques et outils, pensez à votre état d'esprit. L'idéal, le réel et le pessimisme sont très différents et influencent cet état d'esprit.

Quand on se fixe un objectif, on aimerait que tout se déroule très bien. Dans l'idéal, c'est ce qui arrive. Dans l'absolu, la réalité nous rattrape bien souvent. (La vilaine !) En ce sens, il est important de faire la part des choses pour tendre, non plus, vers ce qui serait idéal, mais, plutôt, vers ce qui serait pour le mieux dans le meilleur des mondes possibles. Et, il appartient à chacun·e de se créer cet idéal.

Voyez cet idéal comme une bulle confortable, que vous entretiendriez en restant à l'écoute de toi-même.

Peu importe le sens que, vous, vous donnez à « confortable ». Il s'agit d'une manière de ne pas vous négliger, où vos objectifs resteraient prioritaires, mais sauraient s'effacer au besoin sans que ça devienne une mauvaise habitude.

Les imprévus existent. La fatigue existe. Le manque de motivation existe. Essayer d'atteindre vos objectifs sans en tenir compte, en vous fixant sur l'idéal, plutôt que sur le réel – dont vous dépendez, dont nous dépendons tou·te·s –, est peine perdue d'avance. L'idéal déçoit de par sa nature à ignorer le réel.

Et, vous, dans tout ça, plutôt idéaliste ou réaliste ? Pessimiste, peut-être ? Et vous faites passer ton pessimisme pour du réalisme ? Vous vous dites que, en vous attendant au pire, c'est une façon de mieux savourer une bonne nouvelle ? Évidemment, vous vous doutez de ce qui va suivre : être pessimiste n'équivaut pas à être réaliste.

Considérer vos objectifs à travers le prisme du pessimisme vous dévalue par rapport à vos objectifs.

Si votre concentration a tendance à se barrer aux Maldives, je ne saurais que trop vous conseiller de la lâcher pendant une durée déterminée, plutôt que forcer sur la bride. Donnez à votre dissipation tout ce qu'elle veut pendant x temps, puis passez aux choses sérieuses. Ou le contraire. Personnellement, je lui accorde une demi-journée à une journée chaque semaine pour pouvoir me vider la tête.

Se détacher de son texte permet une approche différente. J'appelle ça « relativiser l'écriture ». Par ailleurs, prendre de la hauteur, puis analyser permet un formidable travail sur soi. Pour espérer lutter contre sa procrastination, il faut la comprendre, et ceci passe par se comprendre soi-même. (Eh oui, encore.)

Exercice n° 4 :

Répondez aux questions suivantes :

- vous donnez-vous le temps nécessaire à la réalisation de vos objectifs ?
- Vous posez-vous par rapport à leur hypothétique réalisation ou à leur réalisation tout court ? Quels moyens allez-vous mettre en œuvre pour y parvenir ?
- Prenez-vous le réel en compte dans l'aboutissement de votre projet ?
- Pour quelle(s) raison(s) souhaitez-vous atteindre ces objectifs précis ?

4. PROCRASTINATION ET ORGANISATION

Exercice n° 5 :

Ici, exceptionnellement, nous allons commencer par un double exercice.

Choisissez un objectif à atteindre en cinq jours. Un objectif simple parce qu'un objectif trop compliqué risquerait de réduire votre motivation en bouillie. Cet objectif, découpez-le en cinq étapes afin de progresser un peu sur les cinq prochains jours. (Vous pouvez vous prévoir des récompenses, si vous voulez ajouter une sorte d'enjeu qui ne vous engage à rien.)

Votre objectif est, maintenant, presque découpé en cinq étapes.

Mettez, maintenant, en place les moyens que vous allez utiliser pour atteindre cet objectif (ou, du moins, pour essayer, mais je vous souhaite vraiment d'y parvenir, évidemment) en répondant aux questions suivantes :

- De quoi allez-vous avoir besoin pour vous concentrer ? De combien de temps ?
- Comptez-vous mettre en place une routine, utiliser une application ou des applications, un logiciel ou des logiciels ?
- Qu'est-ce qui pourrait vous mettre des bâtons dans les roues ?
- Qu'est-ce qui pourrait vous pousser à abandonner ?

Réunissez les conditions qui vous permettront de vous concentrer. Choisissez une ou des plages horaires optimales. Prévoyez des pauses et oubliez le reste du monde.

En vous demandant de découper votre objectif en cinq étapes, je voulais que vous réfléchissiez à votre organisation. Je voulais que vous soyiez capables de définir vos attentes de façon réaliste. Maintenant que vos cinq jours destinés à atteindre l'objectif que vous vous étiez fixé est terminée, deux issues s'offrent à vous : avoir atteint votre objectif ou ne pas l'avoir atteint.

Que vous ayez atteint ou non votre objectif, là n'est pas (encore) la question, car, pour l'instant, nous allons nous pencher sur votre organisation. (C'est-à-dire les moyens que vous avez mis en œuvre dans le but d'atteindre votre objectif.)

Que vous ayez atteint ou non votre objectif, ce n'est pas grave. Relativisez ! Aujourd'hui, nous nous concentrons sur l'organisation, mais, comme les précédents chapitres l'ont montré, les causes peuvent être variées : motivation compliquée, concentration difficile, syndrome de l'imposteur...

Si vous avez atteint votre objectif, félicitations ! Vous n'avez plus qu'à recommencer. Une fois. Deux fois. Trois, quatre... Mille fois. C'est un perpétuel recommencement et une sempiternelle remise en question.

Si vous n'avez pas atteint votre objectif, félicitations aussi ! D'être arrivé·e là où vous êtes arrivé·e, de prendre conscience de ce qui coince dans l'accomplissement de votre objectif, de vouloir changer ça... La suite de ce chapitre est surtout pour vous.

Ces pistes ne sont pas des conseils ni des passages obligés. Seulement un ensemble d'automatismes lorsqu'il s'agit d'atteindre un objectif. Pour la plupart d'entre nous, il est logique de découper son objectif en étapes intermédiaires. Ici, nous avons fonctionné en cinq étapes, mais, évidemment, chacun·e fait comme iel veut, et, si vous avez besoin de morceler davantage, ne vous en privez pas !

Quand on écrit, il est important de ne pas essayer de transposer à la lettre une méthode qui fonctionne pour d'autres en se disant qu'elle fonctionnera de la même façon pour soi-même.

Ceci étant dit, nous allons refaire un petit crochet par la motivation et la concentration, avant de nous pencher sur votre organisation en tant que telle.

L'organisation, nous l'avons vu, implique écriture et motivation, lesquelles se complètent. La seconde est celle qui se manifeste dès le début du processus créatif. D'elle découle l'envie d'écrire, se développe l'intérêt pour une histoire, pour ses personnages, pour son atmosphère…

Quand la motivation est au point mort, il faut la relancer. C'est plus facile à dire qu'à faire, mais il existe des procédés qui peuvent aider. Cela aussi, nous l'avons vu. Néanmoins, ce n'est pas parce que l'on connaît « l'ennemi » que nous savons lutter contre lui.

Avant de commencer, il convient de vous assurer que vous disposez d'assez de motivation pour (espérer) atteindre votre objectif. Peu importe que vous ayez envie d'abandonner en route ou que vous doutiez, c'est normal ; il vous faut impérativement l'intégrer pour éviter les déceptions. (Car l'on sait tou·te·s que les déceptions mènent la vie dure à la motivation.

Votre motivation aura beau être à fond, si vous ne parvenez pas à vous concentrer, ça ne sert à rien. (Si ce n'est à nourrir de vains espoirs.)

L'accomplissement de votre objectif dépend de votre capacité à vous concentrer. Si vous avez le niveau de concentration d'un chiot obnubilé par la distraction ou la couette, il vous faut changer cela. Je ne vous dis pas que vous devez apprendre à rester concentré·e toute une après-midi pour écrire, mais de tirer le meilleur de vos capacités.

Si vous fonctionnez mieux sur de courtes durées, privilégiez celles-ci. S'il vous faut un moyen de pression pour produire efficacement, mettez-vous la pression. (En ce cas, elle devient salutaire, puisque non basée sur le reproche, le doute, la comparaison avec les autres... Elle ne remet pas en question votre façon de procéder.)

Vous avez dû le remarquer, dans le point précédent, nous avons, mine de rien, commencé à parler d'organisation. Parce que se concentrer est tout un art et que l'organisation peut aider à améliorer sa capacité à se concentrer.

Revenons-en à votre objectif de départ. Celui que vous n'avez pas atteint, mais qu'il vous plairait toujours autant de reléguer au rang des tâches accomplies.

Avant de réfléchir à une (meilleure) organisation pour atteindre votre objectif, il convient de connaître les 6 lois pour améliorer son temps de travail :

- loi de Murphy : on garde une marge pour les imprévus
- loi de Carlson : on limite les interruptions
- loi de Pareto : on se concentre sur l'essentiel
- loi de Parkinson : on se fixe des délais
- loi de Laborit : on effectue en premier les tâches les plus ingrates
- loi d'Illich : on s'accorde des pauses.

N'oublions pas certains outils (applications ou en ligne) :

- l'application Noisli : 2,29€ (gratuite sur l'ordinateur) – possibilité de créer ses propres combos – choix varié d'ambiances – très simple d'utilisation
- l'application Writeometer : gratuite – elle dispose, notamment, d'un chronomètre pour ses sessions d'écriture
- Writecontrol : traitement de texte enrichi en ligne – réglage des objectifs – possibilité de modifier les couleurs de l'interface (mode nuit) – dictionnaire des synonymes intégré
- l'application Trello : outil de gestion de projet (disponible aussi sur ordinateur) – gratuit – possibilité de créer plusieurs tableaux, des listes et des barres de progression

- Celtx : logiciel de préproduction multimédia destiné aux scénaristes, mais adapté aux auteur·e·s – création de scénario, documentaire, roman, storyboard...

Et on garde à l'esprit que, plus on dispose de temps pour accomplir une tâche, plus on a tendance à procrastiner.

Évidemment, rien de tout ceci n'est réellement efficace si l'on en vient à négliger ses limites.

C'est en éprouvant vos limites et en apprenant à vous connaître, vous, que vous les appréhenderez. Plus vous écrirez et expérimenterez, mieux vous les comprendrez.

Connaître ses limites n'implique pas que votre temps disponible et votre état d'esprit. N'oubliez pas que votre corps a, lui aussi, son mot à dire.

Enfin, ne vous imposez pas le rythme des autres. Écrire chaque jour, aligner 10000 mots par semaine, faire des sessions d'écriture d'une heure minimum... Ne le faites pas si ça ne correspond pas à votre rythme d'écriture ! Pour autant, ne négligez pas les trucs et astuces des autres ; il y a de la matière à exploiter pour créer ou fignoler votre propre méthode.

Exercice n°6 :

Répondez aux questions suivantes par rapport à votre morcelé en cinq étapes :

- votre objectif n'était-il pas trop ambitieux ?
- votre motivation était-elle suffisante ?
- votre concentration était-elle suffisante ? Avez-vous été interrompu·e ? S'agissait-il d'urgences ou de prétextes ?
- de manière générale, quelles ont été vos difficultés ?

5. MES 5 PILIERS POUR UNE PRODUCTIVITÉ AU TOP

On rêve tou·te·s d'une productivité au top, chaque jour, dans chaque domaine que l'on décide d'explorer. Beaucoup pensent que la productivité est le fruit de bonnes nuits de sommeil, de litres de café ou de thé engloutis et de projets qui nous enthousiasment au-delà de l'imaginable. C'est vrai, mais, quand on parle de productivité, on évoque surtout l'organisation, et cette organisation s'acquiert.

L'organisation n'est pas que le résultat d'innombrables heures passées à tâter du synopsis ou à dompter la muse – pour celleux qui croient à son existence. L'organisation est une démarche volontaire qui consiste à mettre de l'ordre dans son quotidien afin d'atteindre ses objectifs, mais la volonté seule ne suffit pas. Ni le temps. Ni l'expérience.

PILIER 1 : DES OBJECTIFS RÉALISABLES

Mon premier pilier pour une productivité au top consiste, tout simplement, à se fixer des objectifs réalisables, mais, aussi, à s'accorder le temps nécessaire à leur réalisation.

Bien souvent, on pense à ne pas se prévoir une montagne de tâches pour une seule journée. (L'idéal serait de trois tâches quotidiennes, exemple que je suis soigneusement.) Mais, on a tendance à oublier de penser aussi nos objectifs en terme de temps.

Quand on évoque le facteur temps, c'est, le plus souvent, pour dire que l'on en manque, qu'il file à toute vitesse... Rarement pour l'aménager afin qu'il colle mieux à nos attentes et à nos besoins. C'est pourtant là la base d'une organisation réussie et, par extension, de la productivité.

Tout d'abord, vous devez vous demander de combien de temps vous disposez *réellement* pour accomplir chacune de vos tâches. Ne pensez pas en terme d'instants grappillés pendant la pause déjeuner ou pendant votre série télé du soir. Mieux vaut ne consacrer qu'une heure pleine et entière à son projet que plusieurs dizaines de minutes volées dans la journée.

Si vous souhaitez vraiment écrire ou vous y remettre, il faudra songer à :

1. dégager des plages horaires suffisantes pour travailler
2. prévoir des objectifs pas trop ambitieux ni gourmands en temps

3. diminuer ou revoir le temps que vous consacrez aux autres activités. (Parce qu'on ne peut pas tout faire !)

Gardez à l'esprit qu'une tâche n'en est pas une autre, c'est-à-dire qu'elles sont loin de toutes se ressembler. C'est pour cette raison qu'il est important de dégager des plages horaires suffisantes pour travailler.

Il y a les tâches machinales, comme répondre à ses mails, à ses commentaires sur les réseaux sociaux ou envoyer les service-presse, pour celleux qui pratiquent l'autoédition. Si ces tâches paraissent minimes et rapides à effectuer, elles peuvent néanmoins prendre plus de temps que prévu en fonction du nombre de mails et commentaires, de leur nature...

Il y a les tâches dont on sait par avance qu'elles vont prendre un temps fou : la préparation d'un roman (oui, je pense au synopsis de travail, notamment), les corrections, la promotion – toujours pour celleux qui pratiquent l'autoédition – en font partie.

Enfin, il y a les tâches que l'on a plus de mal à quantifier en terme de temps. C'est là que la productivité intervient : pour minimiser les baisses de régime et l'impact des imprévus. (J'en reparle plus bas.)

Dégager des plages horaires suffisantes permet de ne pas finir submergé·e sous des tâches qui s'accumulent. La productivité, c'est la capacité à s'accommoder du temps que l'on a à sa disposition, pas à remplir plus de tâches que les autres en moins de temps qu'eux.

La productivité n'est pas affaire de temps consacré à plusieurs tâches, mais de gestion de ce temps alloué par le quotidien. C'est en ce sens que l'on conseille (parce que je suis loin d'être la seule) de prévoir des objectifs pas trop ambitieux ni gourmands en temps, ce que je précisais plus haut.

Prévoir des objectifs pas trop ambitieux ni gourmands en temps est mon deuxième conseil si vous souhaitez vraiment écrire ou vous y remettre. Comme on dit : « *Step by step[1].* »

Au début, il faut s'acclimater. Quand on revient de vacances aussi. Pareil quand on n'a pas écrit depuis une longue période, quelle que soit la raison.

La « facilité » quand on commence à écrire, c'est que tout est neuf, tout est à faire. Quand on retrouve l'écriture, il faut réacquérir ses bases, selon ce que l'on a perdu pendant la période où l'on n'a pas écrit.

Ne pas se prévoir des objectifs trop ambitieux peut paraître un conseil de base. Pourtant, une fois lancé·e, on a tendance à s'emballer, à multiplier les projets ou à se projeter trop loin dans l'avenir.

L'idée de ne pas s'encombrer d'objectifs gourmands en temps vaut pour bon nombre d'activités, pas seulement l'écriture. Pour cela, diminuer ou revoir le temps que vous consacrez aux autres activités est nécessaire. L'écriture cohabite avec votre quotidien et vos autres activités. Vous pouvez lui donner la priorité, mais vous

---

[1] « Étape par étape ».

pouvez aussi lui consacrer moins de temps qu'aux autres ; tout dépend de ce que vous voulez en tirer.

Diminuer ou revoir le temps que vous consacrez aux autres activités est un conseil qui vaut pour celleux qui aimeraient trouver plus qu'une satisfaction personnelle dans l'écriture. Si vous voulez progresser, il faut vous en donner les moyens.

L'écriture d'un texte – roman ou nouvelle, peu importe – n'est pas un long fleuve tranquille. La productivité en est la base, et on a tendance à la faire passer pour de la motivation. (Ou un manque de motivation.) La motivation se travaille. L'organisation aussi. Par contre, vous ne pouvez pas vous risquer à tout faire une journée et rien le lendemain.

Donnez-vous les moyens de progresser !

L'écriture est un domaine qui puise son expérience dans la régularité. Vous pouvez être régulier·ère deux fois par semaine, tant que vous vous y tenez. L'idée selon laquelle vous devez écrire tous les jours n'est que partiellement juste. (J'y reviens dans le chapitre 16.) En effet, vous apprendrez plus vite en écrivant chaque jour au lieu de deux à trois fois par semaine, mais rien ne vous oblige à sacrifier vos autres activités au profit de l'écriture. Encore une fois, procédez selon vos attentes et vos besoins en matière d'écriture. (Mais ne venez pas dire après que ça n'avance pas assez vite.) Surtout, veillez à prendre en compte les imprévus potentiels.

PILIER 2 : MURPHY PEUT ÊTRE VOTRE AMI

La loi de Murphy est à la base de mon deuxième pilier. Elle consiste à prévoir une marge d'erreur, une marge pour les imprévus. Et, des imprévus, il y en aura !

L'écriture d'un roman est un travail de longue haleine. On a beau tout planifier, les imprévus font partie du processus. Un chapitre plus long à écrire que prévu, un synopsis de travail qui nécessite un rééquilibrage, un esprit qui n'est pas au meilleur de sa forme... Heureusement, il existe des moyens d'anticiper.

La marge d'erreur est une période au cours de laquelle la disponibilité de votre temps change. Cette disponibilité diminue, et c'est ennuyeux parce que vous avez sûrement dix mille choses à faire.

Vous avez eu une mauvaise journée ou nuit, votre chat, ou chien, ou lapin, ou autre est malade, votre ordinateur a chopé une merde... Peu importe : la marge d'erreur est la période qui vous permettra de rattraper le coup.

Il y a quatre façons de perfectionner votre marge d'erreur :

1. ne planifiez pas plus de trois grosses tâches par jour – il semblerait que ce soit la quantité idéale pour conserver sa productivité – et morcelez ces tâches afin de pouvoir

les caser plus facilement dans un emploi du temps chargé

2. gardez-vous, chaque jour, un laps de temps pour rattraper votre éventuel retard
3. si vous n'avez pas de retard (tant mieux pour vous !), mettez ce temps à profit et prenez de l'avance
4. soufflez un coup, faites-vous une raison et reprenez vos tâches, sans pression.

Les tâches majeures sont ces tâches tellement grosses qu'elles englobent d'autres tâches. Ce sont ces tâches qu'il vaut mieux morceler pour avoir l'impression d'avancer.

L'idéal serait de trois tâches par jour pour 1) avoir l'impression d'avancer, donc, et 2) ne pas tomber dans le piège des *To-Do Lists* qui n'en finissent pas.

Se garder un laps de temps journalier pour rattraper un éventuel retard est un bon moyen de toujours s'assurer d'atteindre ses objectifs quotidiens. Surtout, il permet d'alléger, voire de supprimer la pression due aux *deadlines*.

S'il n'y a pas de retard à déplorer, mettez ce temps à profit pour avancer une journée que vous saurez chargée, vous consacrer à des tâches qui ne nécessitent pas ou très peu de concentration, ou, simplement, pour vous ressourcer.

Quel que soit le retard que vous accusez, il est inutile d'aggraver la situation en ajoutant de la pression sur vos épaules ; ce qui est fait, est fait.

Adaptez-vous à l'idée qu'une liste de tâches n'aura sans doute jamais vocation à être parfaite ni à être parfaitement complétée ou remplie. Une fois cette perspective admise, il vous sera plus aisé d'accepter les éventuels retards dans votre *To-Do List*.

Néanmoins, avant d'en arriver là, il existe divers moyens de tromper le retard, et je vous les livre sans plus tarder, en fonction de deux éléments majeurs : *deadline* personnelle et *deadline* professionnelle.

Si vous n'avez pas respecté une *deadline* professionnelle, associez les tâches que vous devez rattraper à des gestes apaisants ou rassurants :

- préparez-vous une boisson chaude que vous associez habituellement à une activité de détente (lecture, série télé, coloriage...)
- imaginez des récompenses pour chaque tâche effectuée ou chaque palier atteint (un carré de chocolat, une pause supplémentaire, un café...)
- accordez-vous une micro-sieste pour, ensuite, repartir d'un bon pied.

Si vous n'avez pas respecté une *deadline* personnelle : essayez de faire complètement autre chose en attendant que la pression diminue, voire disparaisse. Il est inutile de vous focaliser sur le retard, essayez plutôt :

- de relativiser : qu'est-ce qui rendait cette *deadline* personnelle absolument urgente ?
- de vous replacer au centre des choses : ne seriez-vous pas plus efficace après du repos ?
- de vous poser, en somme, les bonnes questions : par exemple, vos objectifs n'étaient-ils pas trop ambitieux ?

PILIER 3 : S'EN TENIR À SES OBJECTIFS

S'en tenir à ses objectifs est mon troisième pilier, et il ne consiste pas à remplir le plus de tâches possible en le moins de temps donné.

S'en tenir à ses objectifs, c'est respecter les engagements que l'on a pris, que l'on prend auprès de soi-même. C'est, aussi, d'une certaine manière, se respecter, puisque l'idée voudrait que l'on en profite également pour se ménager. (Mais j'y reviens dans le point suivant.)

La productivité n'a pas à devenir un rapport de force entre votre vie professionnelle et votre vie privée. Toutes deux ont droit au même équilibre, et ce, pour une seule et même raison : votre propre équilibre.

PILIER 4 : DU TEMPS POUR SOI-MÊME

Votre propre équilibre nous amène à ce quatrième pilier : prendre du temps pour soi-même.

Nous l'avons vu tout au long des précédents points, se ménager est essentiel au bon développement de sa productivité.

Avant de vous poser la question d'une routine matinale et d'une routine du soir, demandez-vous d'abord si vous ne le faites pas déjà. Souvent, on se rend compte, après réflexion, que l'on a déjà adopté les réflexes de ces routines destinées à mettre en avant son bien-être.

Quand on parle de *Morning Routine* ou de *Miracle Morning*, on n'entend pas forcément par là d'adopter exactement chaque étape empruntée aux autres. C'est à chacun·e de trouver son équilibre via des activités qui l'apaisent, qui l'aident à s'endormir, à mettre de côté la journée de travail...

Contrairement à ce que son nom indique, le *Miracle Morning* n'a rien de miraculeux. Tout est dans le déroulé de vos étapes matinales, pas tellement dans le laps de temps que vous leur consacrez. Attention, donc, avant de vous lancer dans une routine, quelle qu'elle soit : la vôtre ne ressemblera jamais tout à fait à celle des autres, mais, si c'est le cas, alors, elle ne vous comblera peut-être pas comme elle le devrait.

Si les routines, ce n'est clairement pas votre truc, veillez à vous aménager des horaires et des lieux de détente. Et, j'insiste sur les lieux, car choisir votre bureau pour y passer votre pause est le meilleur moyen de replonger, la tête la première, dans les dossiers et les mails.

Prenez de vraies pauses, réservez vos soirées et vos weekends, gardez-vous un vrai moment pour déjeuner... Associez ces instants à un renouvellement utile, celui de votre motivation et de votre concentration, à une période de plénitude, de ressourcement.

PILIER 5 : UNE PRODUCTIVITÉ SEREINE

Pour parvenir à une productivité sereine (mon cinquième pilier), il convient néanmoins de tout anticiper (dans la mesure du possible) :

- le temps passé sur chaque tâche ou groupe de tâches
- le temps passé à préparer votre planning
- le temps à caser pour les éventuels retards...

Tout à l'heure, je parlais des *deadlines* personnelles. Si je les ai séparées des *deadlines* professionnelles, ce n'est pas parce qu'elles sont moins importantes, juste plus faciles à repousser puisque pas forcément liées à un·e autre, professionnel·le.

Une productivité sereine passe, donc, par une anticipation de ses moindres faits et gestes et dans un emploi intelligent du temps mis à sa disposition. Ce n'est pas se dire que les journées sont trop courtes, car, avec des journées deux fois plus longues, nous n'arriverions toujours pas à caser autant de tâches souhaitées.

Mieux vaut, à un moment, se dire que, non, les journées ne sont pas trop courtes, mais que c'est nous qui avons tendance à les surcharger, à vouloir accroître toujours plus notre productivité, peut-être par souci des autres.

Mieux vaut se dire que, non, ces mêmes autres ne disposent pas de plus de temps que nous ; iels ont simplement des activités différentes, qui remplacent les nôtres.

Mieux vaut se dire que, oui, nous aurions tout à gagner à revoir notre façon de « consommer » le temps. Et, ça passe par se fixer des objectifs réalisables, par ne pas trop en demander à sa motivation (coucou la rentrée et ses multiples objectifs qui ne tiendront pas trois jours), par être réaliste et compréhensif·ve vis-à-vis de soi-même.

Le temps et l'emploi que l'on en fait sont à l'origine d'une bonne productivité, et une bonne productivité est une productivité sereine. Forcer pour caser le plus de tâches possible en un temps record n'est absolument pas la définition d'une productivité sereine, laquelle ne consiste ni à se surmener ni à se négliger.

Accordez-vous du temps et de la bienveillance, écoutez votre corps et votre esprit, et épargnez-vous une montagne de tâches à accomplir. Pensez étape par étape.

Exercice n° 6 :

Pour votre prochaine session d'écriture, vous allez vous prévoir un objectif principal ou un objectif intermédiaire qui s'inscrit dans un autre, plus général. (Si vous travaillez sur un gros projet, par exemple.) Prévoyez des plages horaires que vous respecterez, des pauses que vous respecterez, puis notez vos impressions et bilan à la fin de votre session.

6. LE MANQUE D'ESTIME DE SOI

Qu'elle concerne une personne dans un environnement donné, au sein de l'écriture ou vis-à-vis d'elle-même, l'estime de soi tient, parfois, à peu de choses. Peut-être que vous, derrière votre écran, êtes sujet·te à une mauvaise estime de soi ?

L'estime de soi est la vision qu'une personne renvoie d'elle-même à elle-même, en impliquant, cependant, la manière supposée dont les autres la perçoivent. L'estime de soi implique de se confronter aux autres, tant par l'intelligence que les capacités et la légitimité. (Il y a aussi l'apparence, entre autres, mais elle ne nous concerne pas dans l'écriture.)

L'estime de soi sera très profitable à quiconque y place une foi inébranlable, mais deviendra un véritable enfer pour celleux qui se dévalorisent.

Dans la vie quotidienne ou limitée à l'écriture, l'estime de soi consiste, le plus souvent, à comparer l'incomparable.

Étant donné que le sujet qui nous concerne est l'écriture, je vais m'attarder sur le cas de l'estime de soi en écriture. Évidemment, il y a la comparaison d'un·e auteur·rice à un·e autre, que ce soit en matière de production, de nombre de publications, bref, de réussite ou de signes de réussite.

Personnellement, j'ai appris, au fil du temps, que l'idée est, d'abord, de croire en moi, en mes capacités à mener un récit à son terme, à le porter jusqu'au bout. Souvenez-vous que les autres ne croiront pas en vous si vous ne croyez pas en vous-même non plus.

Les autres sont une source permanente de mauvaise estime de soi, même quand iels ne font rien pour vous enfoncer. Comme je l'écrivais plus haut, l'estime de soi implique de se comparer, personnellement et professionnellement, aux autres. Comment, donc, commencer à écrire son texte ou le poursuivre quand on affronte constamment la réussite d'autrui ? De quelle manière peut-on s'en protéger et ne pas se focaliser là-dessus ?

La réussite des autres ne doit pas vous miner le moral, encore moins vous faire dire que vous n'y arriverez jamais. J'insiste sur ce point, car, ici, vous seriez la cause de votre propre déception. Forcez-vous à penser que, au contraire, vous voulez atteindre ce niveau. Restez, néanmoins, conscient·e de la masse de travail qu'il vous faudra fournir et du temps nécessaire à ce but.

Fixez-vous des objectifs réalisables pour y parvenir. Au début, ne comptez pas trop sur des *deadlines* courtes. Certain·e·s travaillent mieux sous la pression, mais ce n'est peut-être pas votre cas. Si vous débutez, il se peut que vous ne le sachiez pas.

Allouez un temps raisonnable à l'écriture. Cela fait partie des objectifs si vous voulez progresser. Si vous n'avez que dix minutes par semaine à consacrer à l'écriture, considérez-la comme un loisir. Si vous espérez en tirer une réelle satisfaction, si vous visez les éditeurs, par exemple, revoyez votre planning pour pouvoir écrire plus. C'est ainsi que les autres sont parvenu·e·s au résultat que vous lisez fréquemment sur les réseaux sociaux.

Autre point très important : la manière qu'ont les un·e·s et les autres de parvenir à un résultat ne correspond pas forcément à votre façon de procéder. Tout dépend du temps que vous pouvez investir dans l'écriture, de la fréquence de vos sessions, de vos attentes... Chaque auteur·rice a ses aspirations propres, ne vous appropriez pas des objectifs qui ne vous correspondent pas ou plus.

Que vous ayez une estime de soi prête à déplacer des montagnes ou, plutôt, à creuser des trous pour vous cacher au fond, souvenez-vous d'une chose essentielle : elle se travaille. Par ailleurs, les autres ont déjà fort à faire avec leurs propres doutes pour s'encombrer de votre vie d'auteur·rice. Alors, prenez confiance en vous, ouvrez votre plus beau carnet et noircissez-le d'idées ; c'est ainsi que tout (re)commence.

L'estime de soi, ça se travaille, et c'est justement là-dessus que je consacre mes prochains chapitres.

7. LE SYNDROME DE L'IMPOSTEUR

Syndrome de l'imposteur (ou de l'autodidacte) : quand une personne qui réalise quelque chose reporte sa réalisation ou le succès de cette réalisation sur une circonstance ou un évènement externe, voire une coïncidence.

Beaucoup commettent l'erreur d'ignorer leur syndrome de l'imposteur. Or, quand on écrit, il faut se connaître, et, si vous souffrez du syndrome de l'imposteur, vous aurez beau feindre le contraire, ça finira par vous retomber dessus.

Vous vous dites, selon les cas, que vous avez l'excuse de l'âge, de l'inexpérience, voire de l'illégitimité. Vous pouvez aussi vous dire que le talent n'attend pas le nombre des années, que l'expérience, ça s'acquiert, et que, si vous voulez aborder des sujets qui ne vous impliquent pas directement, pas personnellement, vous pouvez demander aux concerné·e·s de vous donner un coup de pouce.

L'idée de n'écrire que sur ce que l'on connaît se limite à celleux qui ne chercheront pas plus loin que le bout de leur nez. Écrire sur ce que l'on ne connaît pas, non, mais, écrire sur ce que vous maîtrisez, ça, oui !

Vous ne pourrez pas vous débarrasser du syndrome de l'imposteur d'un claquement de doigts ; c'est un trop long travail sur soi-même à effectuer. En revanche, vous pouvez essayer de le comprendre pour, plus tard, en décortiquer les mécanismes.

Dans le détail, le syndrome de l'imposteur est un état d'esprit négatif et envahissant, qui s'appuie sur une mauvaise estime de soi et une capacité formidable à se tirer par le bas. Il se nourrit de votre sentiment d'infériorité, de vos doutes, de vos idées reçues et vos pensées limitantes. (Auxquelles je consacre le chapitre 11.)

Le syndrome de l'imposteur n'est pourtant pas une fatalité. Il n'est pas, non plus, un chewing-gum qui reste obstinément collé à votre semelle de chaussure. Au contraire, vous pouvez en tirer parti et en profiter pour apprendre à vous connaître.

De mon point de vue de créatrice, j'ai de plus en plus l'impression que le syndrome de l'imposteur s'installe plus facilement chez les personnes qui ont du mal à faire connaissance avec elles-mêmes, voire qui reposent leur vision d'elles-mêmes sur celle des autres, par le biais de remarques sur la tenue vestimentaire, l'apparence, la couleur de peau, l'orientation sexuelle, les centres d'intérêt, les loisirs... C'est très large, et c'est bien là que réside le problème à travers ces remarques (voire moqueries) banales au premier regard, se met en place une dévalorisation qui, peu à peu, deviendra normale. Après tout, si les autres le disent, c'est que ça doit être vrai.

Peut-être fondez-vous l'image que vous avez de vous-même sur ce que vous en disent les autres, justement ? Peut-être leur accordez-vous trop d'importance ? (Ceci n'est pas un jugement, je sais combien l'avis des autres peut prédominer quand on manque de confiance en soi. On ne sait pas trop vers qui se tourner et on prend tous les avis pour argent comptant.)

De mon point de vue de créatrice, donc, j'ai de plus en plus l'impression que le syndrome de l'imposteur profite d'une faible connaissance de soi-même pour s'installer durablement. Il profite des doutes et autres émotions négatives, se les accapare, plutôt que les laisser évoluer en leçons à tirer, en enseignement précieux, et les retourne contre leur porteur·se. C'est-à-dire qu'il interfère avec le cycle habituel : prise de risque – échec ou résultat pas à la hauteur – leçon qui permettra de se relever et donnera envie de réessayer. En ce sens, il est primordial d'apprendre à comprendre votre processus créatif, lequel découle directement de vous, de vos humeurs, de vos émotions, de vos phases, qu'elles impliquent l'inspiration ou l'énergie créatrice en tant que telle.

Avant, je fonctionnais ainsi :
- une semaine de fatigue

- une semaine absolument fantastique de créativité
- une autre semaine de fatigue où je me contentais de remplir mes tâches et n'étais pas capable d'en faire franchement plus
- une semaine ni épuisante ni pétillante, pendant laquelle j'en profitais pour poser mes bases, réfléchir et mûrir mes projets.

Certain·e·s auront remarqué que mes quatre étapes correspondent à un cycle menstruel, et, oui, ceci a un lien avec le syndrome de l'imposteur. Parce que les hormones ! (Par avance, je suis désolée, les prochaines lignes n'intéresseront que les personnes concernées, mais, promis, ce ne sera pas long.)

Les hormones, disais-je. Savez-vous qu'elles jouent un rôle important dans votre estime de soi ? Dans votre motivation, votre concentration ? Le cycle menstruel est comme un tour de grand-huit (sauf qu'on n'en redemande pas après) : vous passez par toutes sortes d'états, du plus vif, inspiré et motivé au plus démoralisant. La fatigue n'aide pas, les douleurs non plus. Nous vivons avec ce cycle au quotidien, même que l'on a tendance à assimiler les tracas et souffrances liés comme normaux, alors que, pas du tout. Ceci pour souligner, à nouveau, l'importance de se connaître, moralement et physiquement, mais, aussi, d'être capable d'associer un état d'esprit avec une période, et, par conséquent, d'apprendre à s'en détacher. Tous ces éléments forment le processus créatif ; on ne peut pas faire comme si on n'était pas indisposé·e quand on l'est.

Et c'est valable pour tout le monde : le corps fait partie du processus créatif. Avec l'esprit, ils composent un tout cohérent... à condition de savoir leur prêter une oreille attentive. Et, pour le syndrome de l'imposteur, c'est pareil.

Chaque syndrome de l'imposteur est différent. Le travail que vous pouvez effectuer sur vous-même pour en décortiquer les mécanismes vous permettra d'avancer plus sereinement dans votre projet, mais, n'oubliez pas : être trop sûr·e de vous n'est pas forcément la posture idéale non plus. Il est normal de douter et de vous poser des questions, d'avoir plein d'idées et de les rayer plus tard parce qu'elles ne vous conviennent plus.

Le syndrome de l'imposteur peut revêtir bien des masques, et c'est la raison pour laquelle il est si redoutable. Il incarne votre reflet dans le miroir, un reflet faussé, chargé d'idées négatives et non réalistes.

Exercice n° 7 :

Pour boucler ce chapitre, je vous propose un exercice : écrivez une lettre à votre syndrome de l'imposteur. Dites-lui tout ce que vous avez sur le cœur, mettez-vous à sa place pour essayer de comprendre ce qui vous pousse à lui donner autant d'importance.

8. LA PEUR DE L'ÉCHEC

Depuis que je me suis lancée dans l'écriture, je n'ai jamais redouté de ne pas finir un roman. En revanche, je sais que cela concerne des auteur·rice·s, débutant·e·s ou confirmé·e·s. Parfois associée à la peur de la page blanche ou à celle de s'éparpiller, la plupart du temps, elle découle de la procrastination.

Avant d'envisager des solutions contre la peur de ne pas y arriver, examinons, ensemble, ses mécanismes pour repérer vos blocages.

Le monde de l'écriture est pavé de dissuasions. Comme nous l'avons vu, la procrastination y figure en bonne place et le manque, voire l'absence de confiance en soi aussi.

Non seulement la peur de ne pas finir votre roman peut puiser ses racines dans ces deux casse-pieds, mais elle entretient la peur de l'échec. (Vous savez, celle qui vous empêche de finir votre roman ?)

L'échec existe parce que vous en avez peur. Cercle vicieux s'il en est, la peur de ne pas y arriver rend votre écriture plus hésitante à vos yeux, de moindre qualité. Là où vous devriez gagner en assurance à mesure que vous écrivez, l'écriture devient une source d'angoisse à l'idée de ne jamais poser le point final.

L'échec n'existe que parce que vous en avez peur. Je dirais bien que c'est aussi simple que ça, mais… non.

Avant toute chose, il convient de savoir que le passage à l'acte est un moyen à la fois judicieux et pratique de repousser la peur de l'échec. Pas forcément de manière définitive. Il peut revenir, un jour ou l'autre, chaperonner la rédaction d'un texte, mais, si cela se produit, vous aurez encore plus de chance de le tenir en respect, car vous l'aurez déjà fait !

Parce que vous voulez rompre définitivement avec la peur de ne pas y arriver, je vous invite fortement à pratiquer l'écriture le plus assidûment possible. Prendre l'habitude fait partie du développement, tant celui de votre roman que le vôtre. On a moins peur d'une activité quand on se frotte régulièrement à elle.

Veillez aussi à vos limites. Optez pour des objectifs réalisables et des *deadlines* suffisamment confortables pour vous. Écrivez, écrivez, écrivez, mais ne vous forcez pas ! Se gaver d'écriture a souvent l'effet inverse à celui souhaité : l'indigestion.

Il existe, néanmoins, des trucs et astuces pour vous acclimater avec l'écriture, ainsi que vos besoins et attentes.

Vous pouvez vous concentrer sur un tout autre texte que celui qui pose problème. Essayez de vous couper de celui qui vous incommode. Utilisez des prompts d'écriture, même, s'il le faut.

Le principe des prompts d'écriture est très simple : rédiger un texte à partir d'images ou de mots donnés.

L'avantage des prompts est qu'ils nous emmènent parfois loin de nos propres sentiers battus. Généralement dénués de la pression qu'engrange le souhait futur d'envoi aux éditeur·rice·s, les prompts d'écriture poussent l'auteur·rice à moins réfléchir sur la structure de leur texte. Iel retrouve alors le côté agréable de l'écriture, voire la fluidité espérée. Couplés à un « rituel » d'écriture, ce pourrait être la combinaison gagnante contre le manque d'estime de soi – qui, rappelons-le, pousse à la procrastination.

Un rituel est une façon de vous mettre en confiance avant l'écriture. Certain·e·s mettent en place une *Morning Routine*, d'autres se contentent d'écrire un texte brouillon, avant de passer aux choses sérieuses. Quoi qu'il en soit, iels se donnent les moyens de mettre au placard leur peur de ne pas finir. (Écrire contre vents et marées, ça vous parle ?)

Votre rituel doit être agréable. Prenez le temps nécessaire pour vous préparer, pour vous faire à l'idée d'écrire.

L'écriture, au même titre qu'une activité physique, nécessite un entraînement rigoureux. Si la régularité prime, rien ne vous oblige à prendre le taureau par les cornes. Vous pouvez commencer en douceur, vous immerger peu à peu... En matière de temps d'écriture, il n'existe aucune règle ; c'est pareil pour votre rituel. Et, si vous n'en avez pas besoin, c'est très bien aussi !

Le principe du rituel d'écriture est d'instaurer ou de réinstaurer votre confiance en soi. Il se peut néanmoins que le texte sur lequel vous travaillez nécessite de prendre davantage d'assurance.

Pour vous (re) donner confiance, vous pouvez participer à des défis d'écriture tels que le NaNoWriMo[2] (chaque mois de novembre) ou les Nuits de l'écriture (relancées récemment par l'autrice Cécile Duquenne), que je vous invite à tester, sans pression. L'émulation autour de ces évènements, l'un annuel et l'autre mensuel, vous motivera et vous (re) donnera envie d'écrire, de considérer l'écriture pour ce qu'elle est : un merveilleux vecteur d'histoires, loin de la pression éditoriale.

Pour finir, la peur de ne pas y arriver peut aussi découler d'une anticipation trop importante. Se focaliser sur l'avenir d'un roman – qu'il s'agisse de son écriture ou de voir plus loin encore – est une mauvaise idée. Je sais qu'on ne peut pas toujours s'empêcher d'y penser, mais vos réflexions ne doivent pas interférer avec le bon déroulement de votre écriture.

Je sais, aussi, comme il est nécessaire de réfléchir à ce que l'on écrit, au nombre de mots (ou signes espaces comprises), aux per-

---

[2] National Novel Writing Month : il s'agit d'un défi d'écriture à 50000 mots sur le mois de novembre. N'hésitez pas à visiter le site nanowrimo.org.

sonnages et à plein d'autres éléments tout au long du processus créatif. L'avenir du manuscrit en dépendra fortement. Je sais encore plus que l'on conseille aux jeunes auteur·rice·s d'écrire d'abord dans des registres qui se vendent et de se faire plaisir une fois leur nom plus connu. Personnellement, je pense que c'est une erreur : on ne peut pas se faire la main sur un roman qui nous ennuie à mourir, sous prétexte qu'on veut le vendre.

Quelle que soit la cause de votre peur de ne pas y arriver, sachez que vous n'êtes pas seul·e. L'écriture, aussi grisante soit-elle, apporte son lot de satisfaction, mais aussi d'insatisfaction. N'ayez aucun regret. Jamais. (Sauf si vous avez donné une somme éléphantesque pour publier votre livre, mais là n'est pas le sujet.)

Exercice n° 8 :

Répondez aux questions suivantes pour déterminer si votre peur de l'échec est liée à un manque d'estime de soi ou au syndrome de l'imposteur :

- Quand vous écrivez, savez-vous par avance pour quelle(s) raison(s) ou est-ce mécanique ?
- Devez-vous chercher, au préalable, une raison pour écrire, sinon, vous avez l'impression d'agir vainement ?
- Pourquoi avez-vous besoin d'une raison pour écrire ? S'agit-il d'une forme de validité ? S'agit-il d'un contrat que vous passez avec vous-même pour ne pas avoir le sentiment de perdre votre temps ?

9. LA PEUR DE RÉUSSIR

Dans notre société qui ne tolère pas l'échec (ni la réussite trop évidente, d'ailleurs), nous entendons souvent parler de la peur de l'échec. Crainte qui naît de celle de décevoir, de ne pas se sentir au même niveau que les autres, elle se veut l'écho au syndrome de l'imposteur, au manque d'estime de soi, de comparaisons mal placées... Mais, on oublie de nous dire que la peur de réussir existe aussi. Et elle au moins aussi problématique que celle de l'échec.

Si vous redoutez le regard des autres, non pas parce que vous pourriez échouer, mais réussir ce que vous entreprenez, s'il vous coûte d'admettre que vous opérez un changement (quel qu'il soit), alors, vous avez peut-être peur de réussir, et il convient d'intervenir.

DU MANQUE DE CONFIANCE EN SOI

Nous l'avons vu dans le chapitre 5, la confiance en soi est un pilier quand on se lance dans un projet. Certain·e·s s'engagent, malgré tout, à mener leur projet à terme (parfois avec brio !), mais, demandez-leur quand vous les croiserez, et vous constaterez que, à un moment ou un autre, iels ont eu l'impression terrible de n'être que des imposteurs ; de mentir sur leurs réelles capacités et leur réelle implication dans le projet ; de miser sur de petits riens en se disant que les autres n'y verraient que du feu. Iels vous diront aussi leur peur d'être démasqué·e·s, percé·e·s à jour ; leur peur de voir leur projet raillé ou démonté parce qu'iels n'auraient pas été honnêtes sur leurs aptitudes.

En admettant que, ces aptitudes, vous ne les ayez pas, MOOC et formations sont là pour vous aider à les acquérir. On ne peut pas posséder toutes les connaissances du monde.

En admettant que vous craigniez de faire une bourde en décrivant maladroitement un personnage issu d'une minorité, les *sensitive readers* existent et iels se feront un plaisir de relire votre texte pour vérifier que vous ne jugez ou n'insultez personne.

En admettant que vous redoutiez votre organisation très rudimentaire, plein de contenus vous donneront des idées pour l'améliorer selon vos besoins et vos limites.

Le manque de confiance en soi est vraiment un problème d'appréciation, mais, contrairement à ce que vous croyez, la plupart du temps, il vient de vous, non des autres. (Qui se retrouvent parfois dans la même situation que vous, à se poser dix mille questions sur leurs capacités et la faisabilité de leurs objectifs.)

Je ne m'étendrai pas davantage sur le manque d'estime de soi, puisque j'en ai déjà parlé, comme je le mentionnais plus haut. En revanche, on va s'intéresser de plus près à la notion de zone de confort.

DE LA ZONE DE CONFORT

Là, croyez-moi, je sais de quoi je parle !

La zone de confort, c'est cet espace dans lequel vous vous sentez bien, à votre place et en sécurité ; cet espace avec lequel les autres n'interfèrent pas. Il s'agit de votre bulle, dans laquelle vous avez vos habitudes et vos repères. La quitter implique de perdre ces habitudes et de brouiller ces repères. En sortir, pour vous qui aimez plus que tout ce cocon, équivaut à vous mettre en danger, d'une façon ou d'une autre. (Et on n'est pas là pour juger de la situation.)

Avoir peur de quitter sa zone de confort est un vrai problème, puisque, sans prise de risques, on n'évolue pas autant qu'on le souhaiterait ni autant qu'il le faudrait. En effet, certains projets nécessitent de plonger dans le grand bain, mais rien ne vous empêche de tâter la température du bout de l'orteil avant. Personne ne vous demande de foncer tête baissée, et, même si, vous, vous aimeriez pouvoir charger sans avoir peur des conséquences, croyez-moi, mieux vaut y aller en douceur. Au début comme plus tard. Foncer dans le tas n'est pas une bonne solution. Un acte se réfléchit, avant de le décider. Alors, voyez-vous, votre zone de confort peut vous donner un coup de pouce, finalement. Elle vous rappelle vous limites et le besoin que vous éprouvez à les établir. Elle vous rappelle comme vous vous y sentez parfois à l'étroit et, indirectement, vous poussera à en étendre le périmètre.

Faites de votre zone de confort un signal d'alerte pour quand vous allez trop vite et, vous verrez, elle deviendra une précieuse alliée.

DE LA PEUR DU CHANGEMENT

Bon, on a fait de notre mieux pour ne plus considérer la zone de confort comme un boulet. Maintenant, il s'agit de mater la peur du changement, directement issue du besoin de rester dans sa zone de confort.

Une fois que vous avez mis les pieds en dehors de votre zone de confort, vous réalisez que, le plus difficile, c'est le premier pas. J'ai ressenti un immense soulagement quand j'ai commencé à prendre la parole lors de ma conférence sur la littérature fantastique, à la médiathèque de ma commune, en novembre 2019. Arriver sur les lieux et m'acclimater avec cet environnement (connu, certes, mais différent, puisque je m'apprêtais à l'occuper en tant que professionnelle et non plus simple usagère) a été une sorte de déclic. Celui dont j'avais besoin. Ça a été ce moment où je me suis dit « OK, là, y a plus moyen de reculer. » C'était mon plongeon dans le grand bain, et, comme je maîtrisais mon sujet, j'ai tout de suite su nager.

Ceci pour dire que la peur du changement n'empêche pas certains événements de se réaliser, qu'ils vous soient bénéfiques ou néfastes. Ils ne prennent, simplement, pas le même temps pour arriver. Ne pas oser changer est, souvent, ce qui vous cause le plus de tort, alors que vous lancer vous motivera pour la suite, vous rendra digne de vous-même. (En tout cas, je vous le souhaite). Et, vous n'aurez plus d'excuse pour ne pas recommencer !

Juste, le meilleur conseil que je puisse vous donner est de ne pas vous engager dans ce que vous ne connaissez pas ni avec un sujet que vous maîtrisez mal. Là, votre culpabilité de vous y être mal pris·e pourrait faire très mal.

DE LA CULPABILITÉ

La peur de réussir s'engage, quelquefois, sur les sentiers de la culpabilité, foire aux reproches et à la peur de faire mieux que les autres. (Voire faire mieux qu'elleux, alors que vous n'en auriez pas les capacités. Coucou le manque de confiance en soi qui refait surface !)

Là, pour le coup, cette culpabilité est une sacrée emmerdeuse. Je n'ai aucune astuce à vous donner pour vous en faire une alliée ou la retourner contre elle-même. Soit vous vivez avec en lui bottant régulièrement le cul histoire de la tenir à distance, soit vous vous en débarrassez définitivement. L'un comme l'autre, ce ne sera pas facile. Peut-être que devenir qui vous voulez vraiment être fera disparaître ce sentiment de culpabilité. Peut-être que ce sera de vous écarter des personnes toxiques qui n'accepteront pas votre changement, qu'il soit personnel, professionnel, amoureux ou familial. Peut-être que ce sera de vous tourner vers d'autres personnes, plus compréhensives de vos craintes et de vos envies.

Si vous culpabilisez à l'idée d'être en train de changer, de devenir consciemment quelqu'un d'autre, une personne qui réussit mieux que vos parents, vos frères et sœurs, vos ami·e·s, je ne saurais que trop vous conseiller de vous poser les bonnes questions. Par exemple : pourquoi votre entourage réagit-il négativement, pourquoi serait-ce à vous d'endosser la culpabilité, alors que vous vous donnez les moyens de réussir, est-ce que vous pouvez continuer à vivre aux côtés de personnes qui n'encouragent pas votre ou vos démarches ? Et, si tout s'arrête, pourrez-vous vous tourner vers ces personnes sans avoir le sentiment qu'elles se réjouissent de la fin de votre projet ?

ET SI TOUT S'ARRÊTE ?

Si tout s'arrête... Vaste sujet. Question naturelle et crainte légitime. On est tou·te·s en droit de se demander ce que l'on deviendra si tout s'arrête... mais pas au point de se focaliser là-dessus. C'est un coup à saborder son projet.

Vous placez tout votre amour dans votre projet. Toute votre énergie ! Vous voulez qu'il grandisse, qu'il vous apporte de la satisfaction. Vous voulez qu'il vous rende les mois, voire les années d'efforts que vous avez produites pour qu'il naisse. Vous voulez pouvoir compter dessus, comme il a pu compter sur vous pour voir le jour, comme il peut encore compter sur vous, s'il est toujours d'actualité.

Quoi qu'il en soit, si tout s'arrête (ça peut arriver), rien ne vous empêchera de recommencer avec un autre projet. Rien ne vous empêchera de faire mieux parce que vous aurez déjà les cartes en mains, l'expérience et le plan de route. Vous connaîtrez déjà les pièges et les difficultés.

La peur de réussir est au moins aussi retorse que sa frangine, la peur d'échouer. Elle vous bourre le crâne d'idées reçues et pensées limitantes, met l'accent sur votre culpabilité et vous fait croire que la zone de confort, c'est trop génial. Elle insiste sur le fait que votre vie actuelle est très bien comme elle est, que vouloir changer ne vous attirera que des ennuis, des reproches et compliquera votre relation avec les autres. Mais, n'oubliez pas que ce n'est pas à vous de culpabiliser, plutôt à votre entourage de vous considérer comme un être humain qui évolue, pas comme une image vouée à rester telle quelle toute votre vie, une image qui leur convient très bien comme ça. Dites-vous qu'elleux aussi ont peur de vous voir changer, de vous voir vous engager dans un projet qui ne vous satisfera peut-être pas pleinement. De vous voir échouer. Parce que la notion d'échec, je l'écrivais dans l'introduction de ce chapitre, est très mal perçue dans notre société où mieux vaut ressembler à tout le monde. (Ni dans l'échec ni dans la réussite, juste au milieu.)

10. À NE PAS CONFONDRE AVEC LA PROCRASTINATION

Écrire les jours de grande flemme, ce n'est pas de la tarte. On est même d'accord pour dire que c'est carrément une performance, non ?

Ça consiste, surtout, à vaincre l'envie de procrastiner (la tâche étant rendue problématique par la flemme) et lancer sa motivation. Comme c'est plus facile à dire qu'à faire, je vous propose plusieurs pistes pour tenter de définir la raison de votre flemme, car, quand un problème se présente, il me paraît logique d'en comprendre les causes, avant d'essayer de les éradiquer.

Précédemment, nous avons vu ce qu'englobe réellement la pro-crastination, mais elle est loin d'être la seule cause à votre supposée flemme. Par ailleurs, la confusion est trop fréquente pour ne pas nécessiter ce chapitre.

LA PANNE D'ÉCRITURE

Peut-être que vous ne parvenez pas à écrire les jours de grande flemme parce que, tout simplement, votre flemme est une panne d'écriture déguisée.

Déjà, pas de panique, ça arrive à bon nombre d'auteur·rice·s. Ensuite, il existe des moyens simples de relancer la machine (j'en développe d'autres dans les chapitres des solutions à mettre en place) :

- l'écriture automatique (réservée à votre seul usage)
- l'écriture sur la base d'un prompt, d'une image, d'une citation (j'en ai déjà parlé dans le chapitre 8)
- l'écriture d'une scène qui n'a pas vocation à finir dans votre manuscrit...

Le syndrome dit « de la page blanche » peut être dû à une créativité en pause (oui, je préfère dire « en pause », plutôt qu' « en berne »), à trop de pression ou trop de distractions.

Si vous ne savez pas par où commencer pour reprendre l'écriture, c'est, peut-être, que vous ne savez, tout simplement, pas pourquoi vous n'y arrivez plus.

Plus haut, j'évoquais trois raisons :

- une créativité en pause : accordez-vous le temps d'y revenir, peut-être que le plaisir d'écrire n'est plus assez authentique, plaisant, salvateur... Profitez de cette pause pour nourrir votre inspiration et votre créativité. Ce n'est jamais du temps perdu.
- trop de pression : avez-vous une *deadline* autre que personnelle à respecter ? Votre objectif est-il réaliste ? Étiez-vous réellement prêt·e à vous lancer dans votre projet ?
- trop de distractions : YouTube, les réseaux sociaux... Ils sont de véritables fléaux pour notre concentration, mais, attention, bien souvent, votre fréquentation de ces sites peut cacher une appréhension, notamment celle de vous attaquer à une tâche problématique. (Je vous renvoie aux premiers chapitres.)

Heureusement, **une créativité en pause n'empêche pas d'écrire les jours de grande flemme**.

Pour écrire, nul besoin d'en appeler à sa créativité. C'est sur cette idée que reposent mes trois moyens simples pour relancer la machine (je vous les rappelle) :

- l'écriture automatique (réservée à votre seul usage)
- l'écriture sur la base d'un prompt, d'une image, d'une citation

- l'écriture d'une scène qui n'a pas vocation à finir dans votre manuscrit...

L'écriture automatique vous permettra d'écrire sur ce qui vous passe par la tête. Regardez par la fenêtre et décrivez ce que vous voyez. Racontez votre matinée, ce que vous prévoyez de faire ce soir et pour quelle(s) raison(s). Imaginez ce que peut être en train de penser votre animal de compagnie. Rédigez une lettre à votre syndrome de l'imposteur, à votre syndrome de la page blanche, à vous-même...

Écrire sur la base d'un prompt, d'une image ou d'une citation nécessite plus d'attention que de créativité. Allez sur Pinterest et choisissez une image qui vous inspire. Dressez une liste de mots aléatoires et piochez-en deux ou trois. Si vous en possédez, utilisez vos *Story Cubes*.

Écrire une scène qui n'a pas vocation à finir dans votre manuscrit exercera deux influences positives : vous remettre, peu à peu, dans le bain et vous aider à écrire sans pression, puisque ladite scène ne sera, normalement, jamais lue par quiconque. L'exercice sera un peu plus compliqué qu'en vous basant sur un prompt, une image ou une citation, mais, évidemment, vous pouvez mêler les deux, ce qui les rendra encore plus intéressants. Ici, pas besoin de vous pencher sur le *Show, don't tell*, sur le rythme des phrases et les répétitions. Écrivez ce qui vous vient, comme ça vous vient.

La pression, justement...

Trop de pression empêche d'écrire les jours de grande flemme. Auquel cas, cette flemme n'en est (toujours) pas une.

Vous imposer un rythme infernal, vous fixer des objectifs humainement impossibles à tenir... La question à vous poser est : pourquoi ?

- Parce que vous partez du principe (erroné) qu'un nombre d'heures travaillées est représentatif des tâches effectuées ?
- Parce que vous estimez que c'est le minimum pour obtenir des résultats ? Vous pensez que travailler plus dur est une garantie ?
- Parce que les autres y arrivent ? Qu'est-ce qui vous fait croire ça ? Leurs statuts sur Facebook ? Leurs photos sur Instagram ?

Nous allons analyser tout ceci.

Ce n'est pas parce que vous passez plus de temps (que les autres) à votre bureau que vous travaillez plus. (Ni mieux.)

Chaque tâche impose son propre rythme, nécessite d'adapter le planning, de morceler les tâches, parfois. S'il vous faut deux heures pour écrire une page, c'est qu'il y a une couille dans le potage[3]. (Vous noterez la rime.)

Je vais, brièvement, prendre mon exemple. Je travaille six heures par jour. Est-ce que j'en suis moins productive pour au-

---

3 Sauf fatigue, épuisement physique ou moral, santé en vrac, préoccupations...

tant ? Non. Au contraire, même. J'avance bien plus depuis que j'ai réduit mon nombre d'heures travaillées.

Si vous ne le saviez pas, je le répète : plus vous aurez de temps devant vous, plus votre cerveau vous dira que vous disposez de ce temps... jusqu'à ce que vous vous rendiez compte que vous n'avez rien fait. *A contrario*, si votre cerveau sait que vous ne disposez « que » de six heures, vous vous mettrez rapidement au travail. Le temps à votre disposition, selon sa longueur, sera un puissant vecteur de motivation ou un piège.

Mais, si vous travaillez plus dur et plus longtemps, me demanderez-vous ?

Travailler plus dur n'est pas une garantie de réussite. Si vous travaillez plus dur et plus longtemps, vous vous retrouverez, au mieux, avec un planning ingérable et une vision complètement faussée du métier d'auteur·rice, au pire, avec des problèmes de santé.

C'est aussi pour cette raison que, à terme, travailler plus dur n'est pas une garantie de réussite. Quant à travailler plus longtemps, vous y parviendrez difficilement avec une santé affaiblie. Ce n'est pas ce que je vous souhaite, bien sûr, et c'est pour vous épargner de mauvais choix quant à votre qualité de vie que je souligne ce point.

Si vous enchaînez les heures de travail, je vous invite à vous poser ces trois questions :

1. Que pouvez-vous améliorer dans votre organisation pour retrouver le plaisir d'écrire ? (Sereinement, cela va sans dire.)
2. Pourquoi vous impos(i)ez-vous ce rythme effréné ?
3. Vous compar(i)ez-vous aux autres et votre rythme au leur ?

Si vous comparez votre productivité et votre rythme à ceux des autres, c'est, sans doute, que vous laissez les réseaux sociaux et ce qui s'y raconte vous influencer.

Ce que reflètent les réseaux sociaux n'est pas la stricte réalité. Ils sont un formidable outil de communication pour quiconque en maîtrise les codes et sait contourner les diverses *shitstorms* qui y explosent. Toutefois, ce que vous y voyez et lisez n'est pas la réalité.

Combien réaménagent leur bureau avant de prendre une photo, afin de proposer un contenu « instagramable » ? Combien ne racontent que le positif, reléguant le négatif dans un placard parce que ce n'est pas attrayant, encore moins vendeur ? À votre avis, qui participe, inconsciemment, à l'image romantique de l'auteur·rice, toujours les pieds dans le terrier du lapin blanc et la tête dans les nuages ?

Ce qui nous amène au point suivant : les distractions. (Que sont donc les réseaux sociaux.)

Avec Facebook, Twitter, Instagram et consorts, c'est la porte ouverte aux **distractions et sollicitations**. Il n'a jamais été aussi facile de partager du contenu, textuel ou enrichi. Il n'a jamais été aussi facile, également, de parler à un mur au sens propre du terme. Si nous cédons tou·te·s à l'appel du tweet ou du statut Facebook, il nous faut admettre que, la plupart du temps, notre investissement ressemble à une demande d'attention, voire à une sollicitation.

Il faut signer des pétitions, regarder des vidéos (et les publicités qui les accompagnent), partager un *crowfunding* ou deux, acheter le livre de Truc, la bande-dessinée de Muche, adhérer à l'association des Bidulettes... Et tout est bon pour capter notre attention, de plus en plus éphémère.

En ce sens, les statuts et photos postés sur les réseaux sociaux ne sont qu'une vision améliorée de la vie des autres. Ces mêmes autres qui travailleront leur photographie pour qu'elle attire l'œil. Ces autres qui auront tendance à se concentrer sur le positif. Ces autres qui feront fi du négatif, allant parfois jusqu'à prôner un bonheur obligatoire.

Alors, les réseaux sociaux... le mal incarné pour l'auteur·rice en quête de temps ?

Si mes pauses régulières sur les réseaux sociaux, et particulièrement Facebook, m'ont appris une chose, c'est que, déconnectée, je suis plus productive. Alors, oui, des petit·e·s malin·e·s me diront « Forcément ! » Sauf que non, car il y a connecté·e et connecté·e.

Premier cas de figure : les autres nous entraînent dans leur folie des mots, et les voir aligner autant de phrases nous motive à un point que l'on ne soupçonnait pas.

Second cas de figure : côtoyer ces mêmes autres nous ralentit pour des raisons diverses et variées. (Iels abordent des sujets utiles, mais dont on se passerait bien, avec cette impression de ressasser toujours les mêmes informations, par exemple.) Ne mentez pas, je suis sûre que, ici, il y en a au moins quelques-un·e·s qui ont déjà eu ce ressenti vis-à-vis de leur TL ou de leur fil d'actualité.

Soucieuse de ma productivité qui s'annonçait en baisse, couplée à un besoin de m'éloigner des réseaux sociaux, j'ai choisi de tester la fonction qui consiste à désactiver son compte Facebook. J'ai dit « désactiver », pas supprimer. Et, outre le fait que ça m'ait permis de me recentrer sur l'essentiel, j'ai surtout compris l'intérêt de la chose : pas de compte, donc pas de possibilité de publier, donc pas de *likes* ni de commentaires. Rien du tout. *Niente.* Le néant. Et, parfois, le néant procure un bien fou.

Je ne vous cacherai pas que certaines personnes m'ont manquées. En-dehors de ça, j'ai bénéficié d'un gain de temps qui m'a permis d'avancer presque deux fois plus qu'habituellement. Je ne sais pas si vous vous rendez compte, mais c'est incroyable le temps fou que l'on passe sur les réseaux ! Enfin, moi, en tout cas. Étant seule à la maison toute la journée, il est vrai que je la ponctuais de nombreuses visites. Ainsi, j'avais l'impression de parler vraiment. (Entendez par là : parler à quelqu'un d'autre qu'au chien ou aux murs.) Mais, il existe plusieurs manières de se déconnecter : celle, au sens propre du terme, qui consiste à ignorer les réseaux sociaux et celle qui permet de se « débrancher » du monde extérieur. (De manière plus ou moins importante.)

Se déconnecter, donc, du monde extérieur pour accroître sa productivité ? Apprendre à oublier ce que nous avons lu récemment, à filtrer les informations, car certaines pourraient s'avérer utiles ? Apprendre, aussi, à bloquer ses pensées pour ne se concentrer que sur le texte en cours ?

Si la phase de recherches et l'élaboration du récit permettent de partir dans tous les sens (dans une moindre mesure, en tout cas), l'écriture en elle-même nécessite une autodiscipline rigoureuse. L'esprit doit-il se conditionner pour permettre une productivité optimale ? Et, qu'est-ce qu'une productivité optimale dans le cas qui nous intéresse ? On a le choix entre : écrire plus, mais jeter ou remanier davantage et écrire plus ou moins longuement, mais mieux. Je crois que ça dépend vraiment de l'auteur·rice et de son projet. Une fois de plus, les facteurs imposent de s'établir un plan de bataille, qu'on le veuille ou non, qu'on le note quelque part ou non, que l'on s'en rende compte ou non.

Dès lors, il devient intéressant de s'interroger sur ce qui fait notre productivité et sur les manières de l'optimiser. Alors que certain·e·s préfèrent se couper du reste du monde, d'autres ont besoin de ce contact qui, d'une certaine façon, les nourrit. Au pire, celleux-là ne s'aperçoivent du bruit autour d'eux que quand ils émergent de leur texte.

J'ai parlé, ici, d'un rapport éventuellement conflictuel avec soi-même, à travers les réseaux sociaux et l'image qu'ils nous renvoient des autres, mais, le conflit peut provenir de l'œuvre en tant que telle.

UNE RELATION CONFLICTUELLE AVEC L'ŒUVRE

Je dis souvent que le premier jet n'a pas vocation à être parfait. Pourtant, des incohérences peuvent mettre à mal la conviction de certain·e·s auteur·rice·s en leur œuvre. Travailler sur un roman qui présente des imperfections de la taille de la Corse ne les pousse pas à continuer, voire iels s'ennuient carrément parce que leur sujet a trop dévié. (Ce qui peut être une cause à des incohérences répétées, surtout si l'on écrit sur la base d'un synopsis de travail propre.)

Une relation conflictuelle avec l'œuvre n'est pourtant pas la fin du manuscrit. Un premier jet, même inachevé, ça se réécrit. Ça s'ajuste, ça se raccorde une fois qu'on a supprimé tout ce qui ne sert à rien.

Avant toute chose, il convient d'**être bien dans son écriture**. Rien ni personne ne vous oblige à écrire quelque chose d'utile. Écrivez déjà pour vous, exactement ce que vous auriez envie de lire, sans vous préoccuper de ce qui se vend actuellement sur le marché. Bien sûr, vous pouvez écrire pour des tas de raisons ! Être bien dans son écriture, c'est ce que j'appelle ne pas écrire pour écrire, mais par envie ou besoin : de communiquer un message, de penser à soi, d'en faire sa catharsis...

Franchement, il n'y a pas besoin d'une raison pour écrire. Il n'y a pas besoin de vouloir faire du chiffre pour écrire. Ni de faire passer un message.

Pour être bien dans son écriture, il faut, néanmoins, savoir pour quelle(s) raison(s) on décide ou a décidé d'écrire et ce qui nous pousse à continuer. Lorsque, pour un motif X ou Y, l'auteur·rice ne se sent plus bien dans son écriture, il est nécessaire d'analyser son fonctionnement pour, à nouveau, réunir ce qui fait l'envie d'écrire. Il faut assumer ce que l'on fait, s'assumer soi-même et ne pas perdre le fil de ce qui nous motive :

- traiter des sujets qui nous intéressent en tant qu'auteur·rice, mais aussi en tant qu'être humain
- s'engager à raconter une histoire dont on croit réellement qu'elle fonctionnera sur læ lecteur·ice
- découvrir de nouvelles thématiques et de nouvelles perspectives
- s'investir auprès des personnages, lecteur·ice·s et auprès de soi-même
- partager sa passion des mots, de la découverte... de l'aventure, en somme.

Ces cinq points sont aussi représentatifs, à mon sens, de la capacité d'un·e auteur·rice à se mettre en condition pour écrire.

L'IMPOSSIBILITÉ DE SE METTRE EN CONDITION

L'impossibilité de se mettre en condition découle, bien souvent, des idées reçues et pensées limitantes (je me concentrerai sur les quatre dernières dans les chapitres suivants) :

- plus d'heures de travail équivalent à plus de tâches effectuées (point que nous avons déjà vu plus haut)
- auteur·rice amateur·rice vs. auteur·rice professionnel·le
- être toujours au top pour répondre aux critères établis par la société
- il faut écrire tous les jours pour progresser
- ne jurer que par la *To-Do List* pour avancer.

Exercice n° 9 :

N'hésitez pas à reprendre toutes les questions listées dans le chapitre pour y répondre :

- Avez-vous une deadline autre que personnelle à respecter ?
- Votre objectif est-il réaliste ?
- Êtes-vous réellement prêt·e à vous lancer dans votre projet ?

- Partez-vous du principe (erroné) qu'un nombre d'heures travaillées est représentatif des tâches effectuées ?
- Estimez-vous que c'est le minimum pour obtenir des résultats ? Pensez-vous que travailler plus dur est une garantie ?
- Pensez-vous que les autres y arrivent mieux que vous ? Qu'est-ce qui vous fait croire ça ? Leurs statuts sur Facebook ? Leurs photos sur Instagram ?

- Que pouvez-vous améliorer dans votre organisation pour retrouver le plaisir d'écrire ? (Sereinement, cela va sans dire.)
- Pourquoi vous impos(i)ez-vous ce rythme effréné ?
- Vous compar(i)ez-vous aux autres et votre rythme au leur ?

11. DES IDÉES REÇUES ET PENSÉES LIMITANTES

Nombre d'idées reçues et pensées limitantes circulent sur le métier d'auteur·rice.

Maintenant que nous avons cherché à comprendre la procrastination, les éléments qui la composent et en quoi elle interfère avec ma trinité « Motivation, concentration, organisation », penchons-nous sur les idées reçues et les pensées limitantes qui facilitent sa propagation ; sur le naturel avec lequel elles s'imposent à nous et comment nous les validons malgré nous.

LES IDÉES REÇUES : REFLET DE PENSÉES QUI NE VIENNENT PAS DE NOUS-MÊME

Les idées reçues sont, comme leur nom l'indique, des idées que l'on reçoit, que l'on entend depuis un moment, des avis tranchés selon notre mode de vie et celui de notre entourage, selon ce que pense celui-ci et ce qu'il pense que nous, les autres, devrions faire. Les idées reçues ne se limitent pas à notre environnement, puisqu'elles concernent aussi notre façon de penser, de réfléchir, de consommer, notre manière de nous considérer ou, au contraire, de nous déconsidérer. Une idée reçue est jugée comme véridique et démontrée par celleux qui la véhiculent. Surtout, une idée reçue est tellement répandue que même certaines personnes qui n'y croyaient pas auparavant finissent par lui accorder du crédit.

Croire que l'on n'est pas capable de X ou Y chose, à force de se l'entendre dire, est une idée reçue.

Penser qu'un tel ou une telle est plus compétent·e parce qu'iel est plus âgé·e – et qu'on nous l'a suffisamment répété – est une idée reçue.

Les idées reçues sont le reflet de pensées qui ne viennent pas de nous-mêmes, puis d'habitudes que nous développons en réaction à ces idées reçues, le plus souvent pour y coller malgré nous. Le besoin de nous conformer à une norme rassurante conduit, paradoxalement, à un sentiment de malaise qui s'accroît et se nourrit de nos pensées négatives, associées aux reproches formulés face à notre manque d'efforts. (Formulés par nous-mêmes et/ou nos proches.)

Les idées reçues peuvent découler de reproches continus, d'une dévalorisation personnelle, familiale ou scolaire. Elles altèrent notre estime de soi, ainsi que notre croyance en nos capacités.

Enfin, les idées reçues sont, le plus souvent, des pensées limitantes.

UNE IDÉE REÇUE EST UNE PENSÉE LIMITANTE

« Je n'en suis pas capable parce que je suis trop jeune, parce que je suis une femme... »

Une pensée limitante est une vision étroite de ce que nous nous estimons capable de réaliser ou pas. (Généralement, on ne s'en sent pas capable, du fait d'idées reçues envahissantes.)

Nous avons tendance à dire que nous sommes ce que nous pensons, aussi bâtissons-nous notre personne sur un système de croyances, souvent erronées, par ailleurs. C'est la raison pour laquelle je conseille souvent de pratiquer l'affirmation positive, mais, attention, ça ne sert pas à grand-chose si, au préalable, vous n'identifiez pas vos pensées limitantes. Vous devez mettre le doigt sur ce qui vous freine, mais aussi sur les personnes qui ont véhiculé, voire véhiculent encore ces pensées autour de vous. Vous couper des personnes toxiques – si elles sont incapables de comprendre le problème et de changer – est primordial ; il en va de votre bien-être ! Entourez-vous de personnes inspirantes ou, si vous ne le pouvez pas pour telle ou telle raison, inspirez-vous d'elles. (Attention, s'inspirer n'est pas copier-coller ; c'est de votre personnalité qu'il s'agit, et vous aurez grand besoin d'elle tout au long de votre processus de réapprentissage de vous-même et de vos réelles capacités.) Enfin, quand vous vous sentez prêt·e, lancez-vous ! Mais, pas trop tôt, car une pensée limitante est, bien souvent, une réaction à nos échecs. Et, le problème, c'est que nos premiers échecs ne sont pas toujours perçus comme tels par nous-mêmes, mais par notre entourage, nos pairs, la société...

UNE RÉACTION À NOS ÉCHECS

C'est justement sur ces premiers échecs que nous construisons notre vision des suivants.

Dans la partie précédente, je vous conseillais de vous écarter des personnes toxiques qui vous entourent. Mais, on s'aperçoit parfois trop tard qu'elles le sont... et on a l'impression désagréable de devoir tout recommencer. Ne vous inquiétez pas, ça fait partie du processus. Une identité ne se reconstruit pas d'un coup de baguette magique.

Rappelez-vous, le meilleur moyen d'en finir avec la peur de l'échec c'est de vous retrouver devant le fait accompli, c'est-à-dire d'essayer ; de prendre conscience de votre choix, de votre volonté de changement, puis de vous mettre dans une posture active, de passer à l'acte. Pour vous aider, vous pourrez trouver des prompts d'écriture sur le Net, vous instaurer un rituel, acquérir des *Story Cubes...*

Je conclurai ce chapitre en vous conseillant de consacrer votre énergie à votre projet, plutôt qu'aux autres et à ce qu'iels pourraient éventuellement penser de vous. (Car n'oublions pas que, si les reproches dus aux échecs existent, très, très souvent, le senti-

ment que les autres nous jugent ne vient que de nous.) C'est essentiel si vous voulez vous épanouir dans votre projet.

Exercice n° 10 :

Préparez-vous une liste de pensées et affirmations positives dans laquelle vous piocherez dès que vous en ressentirez le besoin. (Ou avant chaque session de travail, par exemple.)

12. IDÉE REÇUE N º 1 : LA SOLITUDE DE L'AUTEUR·RICE

Il y aurait beaucoup à dire sur la solitude de l'auteur·rice (ou sur sa « non solitude », d'ailleurs) : vitale, logique, immuable, relative, absolue... ? L'auteur·rice s'y complaît-iel ou la supporte-t-iel ? De quelle manière ?

Force est de constater que nous touchons à une notion très abstraite. Le dictionnaire la définit comme suit :

« État ponctuel ou durable d'un individu seul qui n'est engagé dans aucun rapport avec autrui. »

Mais, la solitude ne serait-elle pas active ?

On a tendance à dire « Je dois écrire, donc je m'isole ». Et, si le contraire se vérifiait ? Si la solitude, au bout d'un moment, façonnait l'auteur·rice ?

J'évoquerai, d'abord, la solitude dans le seul acte d'écrire. Écrire, c'est un peu être nu·e devant son idée. On est seul·e dans l'acte et dans la volonté. C'est intime. Mais, écrire implique aussi, dans une certaine mesure, d'être plusieurs. En fin de compte, la solitude de l'auteur·rice ne se trouverait-elle pas dans sa tête ? Les personnages ont, après tout, des personnalités à part entière, avec leur complexité, leur paradoxe, leur existence propre. La solitude est relative, et je pense que chacun la vit, l'appréhende, l'aménage ou la supporte à sa manière. Plus qu'une sensation ou qu'un effet subi, elle s'avère, semble-t-il, nécessaire. Quand je demande à d'autres auteur·rice·s s'iels écrivent « seul·e·s ou accompagné·e·s », beaucoup me répondent par la première. Je m'aperçois, cependant, que « seul·e » regroupe plusieurs critères.

Il y a celles et ceux qui s'enferment dans une vraie bulle, voire qui ont besoin de se trouver à un endroit particulier pour avancer. Puis il y a celles et ceux qui sont seul·e·s sans l'être, qui restent entouré·e·s, qui écrivent dans des lieux publics, pourvu qu'on ne les dérange pas ni ne les sollicite. D'un côté ou de l'autre, je m'aperçois d'une solitude adaptée, voire adaptable au profit d'une meilleure « production ». (Sachant que « meilleure » prend un objectif différent selon l'auteur·rice). On en revient toujours à cette idée d'indispensable.

Toutefois, qu'est-ce qui confère à la solitude ce côté indispensable ? Est-ce qu'un environnement familier lui contribue-t-il ou l'auteur·rice l'emmène-t-iel partout ? Finalement, si la solitude façonnait l'auteur·rice et non l'inverse ? S'iel n'avait pas le choix depuis le début ? Plus qu'un besoin, s'il s'agissait, plutôt, d'une routine ?

En France, on a ce mythe de l'auteur·rice oiseau de nuit, esseulé·e, qui s'enferme dans son bureau et met trois ans à écrire son prochain roman. Ceci explique peut-être la logique de la solitude de l'auteur·rice : une image faussée, mais qui reflète une part de vérité. (On peut bien écrire en groupe, on reste, à un moment ou un autre, seul·e devant son manuscrit.)

13. IDÉE REÇUE N° 2 : HABITUDES ET ROUTINES, VÉRITABLE MOTEUR OU FREIN À LA CRÉATIVITÉ ?

Nous avons précédemment abordé le vaste sujet de la solitude de l'écrivain, mais, quid de sa routine, de ses habitudes… ? Si certaines paraissent cruciales, si beaucoup vantent les mérites de la routine, peut-on pour autant parler de bienfait ? S'inscrire dans une sorte de train-train ne va-t-il pas à l'encontre du principe même de l'écriture ?

Au début de ce livre, j'ai parlé de ces auteur·rice·s qui requièrent un lieu particulier pour écrire. Dans le lot, il y en a peut-être qui n'ont jamais essayé de travailler ailleurs ou qui se limitent à un endroit parce qu'iels s'y sentent bien. (Un bureau, par exemple.) Dans ce cas, il est question d'habitude, mais, on ne peut pas dire qu'elle impacte l'écriture de manière négative. Chacun·e peut tenter de nouvelles choses et se choisir un autre espace ; il pourrait se passer un truc. Au mieux, changer s'avérera bénéfique. Au pire, vous regagnerez votre bureau, table, canapé ou autre. Un détail qu'il me semble judicieux d'ajouter par rapport à celles et ceux qui prônent l'idée de s'installer un coin pour écrire, je réponds « Pas forcément », tant que vous vous sentez bien là où vous êtes et, surtout, si vous parvenez à bien séparer espace de travail et espace de vie privée.

Certain·e·s, à s'aménager une sorte de sanctuaire, se mettent peut-être une pression inutile : celle du « Je ne saurai pas écrire ailleurs, ce sera moins bon.» Pour ma part, je ne trouve pas l'écriture si sacrée que ce que quelques-un·e·s en disent. Égoïste, impertinente, capricieuse... oui. Se prévoir un endroit qui change selon l'humeur ou selon tout un tas d'éléments, pourquoi pas, mais, ne vous imposez pas un bureau pour faire comme les autres. Ce serait vous mettre des bâtons dans les routes, et, franchement, vous n'avez pas besoin de ça.

Je dis souvent que l'auteur·rice est son propre frein, qu'iel s'érige des barrières qui n'ont rien à faire là. Les habitudes le sont-elles ? Véritable moteur ou frein à la créativité ?

À écrire, nous sommes censé·e·s être libres (dans une certaine mesure, bien sûr), sauf qu'on nous parle (trop ?) souvent de routine. En existerait-il une bonne, capable de réunir habitudes importantes tout en conservant l'aspect « électron libre » de l'écriture ? Puisque, rappelons-le, celle-ci est capricieuse, et, l'inspiration, davantage. S'installer derrière son bureau fétiche n'entraînera pas forcément le déclic tant attendu. Du moins, pas toujours.

Exercice n° 11 :

Mettez en place un rituel avant votre session d'écriture, ainsi qu'un système de récompense. (Pas forcément alimentaire.) À chaque palier atteint, octroyez-vous une pause, du coloriage, une partie de jeu vidéo, une promenade…

14. IDÉE REÇUE N° 3 : LES CONSEILS D'ÉCRITURE : VOTRE PHARE DANS LA NUIT ?

Oui, ce livre se fait le porteur de conseils d'écriture. Non, il n'a jamais été question de distribuer des solutions miracles. Beaucoup croient, à tort, que les conseils d'écriture sont universels, qu'ils les libéreront de la page blanche, amélioreront leur style ou développeront leur inspiration.

Si vous cherchez des recettes de cuisine applicables en écriture, passez votre chemin, les sites et blogs regorgeant d'informations et d'astuces ne sont clairement pas pour vous.

Premièrement, les conseils d'écriture n'ont jamais, jamais eu vocation à vous rendre terriblement talentueux·se. Ça, c'est l'expérience qui vous y mènera. Si vous n'êtes pas capable de vous rendre à cette évidence, oubliez l'écriture parce qu'il y est avant tout question d'apprentissage continuel. En effet, ce n'est pas pour rien que le Net regorge de livres d'exercices, de prompts et de journaux d'écriture. Tout est prétexte à se motiver, du carré de chocolat tous les 1000 mots alignés au carnet tiptop, si, comme moi, vous collectionnez Moleskine et autres joyeusetés à rabats.

Écrire est un travail de longue haleine, qui demande de l'investissement et de la motivation. Écrire nécessite, parfois, de tirer un trait sur certaines autres activités, de repousser pour la énième fois le repas de famille tant attendu (ou pas), de louper des moments, des événements qu'avant, vous n'auriez zappé pour rien au monde. Écrire nécessite de se faire violence, de ravaler sa fierté et d'enfermer son *ego* dans un placard. De tout ceci, les conseils d'écriture vous en parleront, mais, c'est un apprentissage qui se fait beaucoup de soi à soi.

Deuxièmement, ne vous fiez pas à une seule source, un seul blog, un seul avis. Plus haut, je parlais d'expérience ; elle passe notamment par l'approfondissement de vos recherches, par des essais, fructueux et moins fructueux. Je le dis souvent sur le blog : empruntez des idées à l'un·e, des bouts de ficelle à l'autre et bricolez-vous une méthode qui n'appartienne qu'à vous, et, surtout, qui vous corresponde, à vous et à vos attentes. Vous en tenir à une source unique pour constituer votre technique et instaurer vos habitudes vous conduira droit dans le mur, car 1) vous ne parviendrez pas à vous acclimater à l'écriture et 2) vous n'acquerrez pas la rigueur nécessaire à la documentation qui précède le premier jet.

Encore une fois, ce n'est pas à prendre pour argent comptant, mais les incohérences risquent de fleurir dans votre texte si vous n'anticipez pas niveau recherches.

Troisièmement, votre curiosité effectuera le plus gros du travail, quel qu'il soit. Elle agitera vos neurones, vous donnant peut-être une ou deux idées au passage, vous permettra d'éviter certaines absurdités propres au premier jet.

Exercice n⁰ 12 :

Pendant une semaine, conformez-vous aux conseils d'écriture suivants :

- Écrire pendant vingt minutes, prendre une pause de cinq minutes, écrire à nouveau pendant vingt minutes, prendre une autre pause de cinq minutes
- Écrire chaque jour, pendant plusieurs jours, à un horaire précis
- Écrire sur papier si vous avez l'habitude d'écrire sur ordinateur, ou vice-versa
- Isolez-vous vraiment pour écrire, coupez la wifi, éteignez le téléphone…

Voyez ce qui fonctionne et notez pourquoi. Voyez, aussi, ce qui ne fonctionne pas.

Puis répondez aux questions suivantes :

- Quel était votre état d'esprit après vos sessions de vingt minutes, entrecoupées d'une pause de cinq minutes ?
- Que vous a apporté l'écriture quotidienne à un horaire précis ? L'horaire vous a-t-il aidé·e à rendre l'écriture mécanique ? (Avec plus de facilité au bout d'un moment, donc.) Est-ce d'avoir écrit chaque jour qui a rendu votre écriture plus fluide ? L'une de ces deux « contraintes » vous a-t-elle fait défaut ? Laquelle et pourquoi ?

- Modifier votre support d'écriture a-t-il simplifié votre démarche pour écrire ? Ce changement a-t-il été un déclic ? Pourquoi ? De manière générale, vous sentez-vous prêt·e pour d'autres changements ?
- En quoi vous isoler vous a-t-il aidé·e (ou non) à écrire ? Pourquoi ? Aviez-vous déjà l'habitude d'écrire isolé·e ?

15. IDÉE REÇUE N° 4 : AUTEUR·RICE PRO VS. AMATEUR·RICE

Je le dis tout net, auteur·rice pro vs. amateur·rice est un débat qui ne devrait pas exister. À l'heure où l'on commence à mettre les auteur·rice·s indépendant·e·s en avant de manière plus ou moins intéressante, judicieuse ou valorisante, j'en suis venue à me demander ce qui nourrissait la question. Vous allez voir, c'est bête comme chou.

Quand on cause auteur·rice·s, quelques mots viennent aussitôt en tête : édition, reconnaissance, légitimité... Ce sont des termes bien ancrés dans nos petites têtes et, pour cause, vous remarquerez, si ce n'est déjà fait, le nom de certain·e·s auteur·rice·s écrits en plus gros que le titre sur les couvertures. (Ici, l'idée est claire : l'éditeur·rice vend le nom plutôt que l'histoire.)

On se retrouve souvent avec cette vision des choses : pro = (re)connu·e et amateur·rice = inconnu·e. Comme si la reconnaissance des lecteur·rice·s faisait le talent de l'auteur·rice. Comme si c'était logique et, donc, l'air de rien, le talent passe à la trappe ou on ne l'aborde pas sous le bon angle. D'un autre côté, le talent est un principe très, très relatif. Être publié·e, on est d'accord, c'est cool. (Sauf cas particuliers.) Ne crachons pas dans la soupe. Être publié·e, ça semble être le summum de la reconnaissance, mais celle-ci vient de l'éditeur·rice et de son comité de lecture. Elle ne reflète en aucun cas (du moins, pas encore, avant la parution) l'opinion des futur·e·s lecteur·rice·s. C'est ainsi que l'on finit avec des bouses infâmes dans nos librairies, mai,s ça se vendra quand même dans certains cas parce que le nom. (Ou parce que c'est tendance). *A contrario*, il y a de très bons livres autoédités, mais, en France, on a un problème de taille : le monde du livre reste très codifié, et c'est une sacrée épine dans le pied de la culture.

Qu'est-ce qui fait véritablement l'auteur·rice, au fond ? À quel moment peut-iel se définir comme tel ?

Distinguo, pour commencer. Ou nuance. Ou subtile différence, comme vous voulez.

- Écrivain·e : celui ou celle qui compose des ouvrages littéraires
- Auteur·rice : créateur·rice d'une œuvre littéraire, artistique, etc. / personne dont la profession est d'écrire

- Romancier·ère et novelliste, je ne vous fais pas de dessin.

L'écrivain·e est donc auteur·rice, romancier·ère et/ou novelliste. En revanche, l'auteur·rice ne raconte pas forcément des histoires. Cet·te écrivain·e, même publié·e/autoédité·e (surtout autoédité·e ?), aura tendance à dire qu'iel est auteur·e. C'est large. Idéal. Mais on n'appelle toujours pas ce chat un chat.

La notion professionnel·le = (re)connu·e et amateur·rice = inconnu·e tombe donc à l'eau. Petite précision, néanmoins, dans le cas qui nous intéresse.

Si l'on cherche à tout prix à distinguer læ professionnel·le de l'amateur·rice en matière d'écriture, il n'y a pas trente-six solutions, car l'écrivain·e apprend toute sa vie. Serait-iel donc voué·e à l'amateurisme éternel ? Ceci malgré l'évolution grâce à laquelle iel découvre, s'éveille, approfondit... ?

Différencier le professionnel·le et l'amateur·rice est, comme vous pouvez le constater, une affaire délicate. Certain·e·s se revendiqueront pro coûte que coûte, d'une part parce que la notion de légitimité est très floue ; d'autre part, car iels pensent, peut-être, avoir quelque chose à prouver avec ce « titre ». D'autres se plaisent dans leur amateurisme assumé et ne se formalisent pas de ces questions. Iels écrivent. Point.

Nous pourrions avancer qu'être écrivain·e signifie être lu·e, mais, là encore, ça ne conviendrait pas tout à fait, car on se remémorera sans problème les mauvais textes qui font la gloire de quelques sites de partage. (Je ne cite pas de nom, mais vous aurez compris.)

Un auteur·rice qui ne publie pas n'est pas un amateur·rice pour autant. Iel fonctionne de la même manière qu'un·e autre, effectue ses recherches, prend des notes... Iels fourmillent d'idées, l'amateur·rice autant que læ professionnel·le. Le processus créatif ne fait pas la distinction.

S'il fallait se limiter à la bibliographie d'un·e auteur·rice ou à ses éditeur·rice·s pour séparer le bon grain de l'ivraie, on se rendrait vite compte que ça ne fonctionne pas comme ça, car même les publié·e·s traînent leurs casseroles.

Plutôt que d'amateurisme, nous pourrions, alors, parler de reconnaissance, et, une fois de plus, le principe ne tient vraiment qu'à un fil. On est auteur·rice et, surtout, on le devient un peu plus chaque jour.

Ceci pour dire que, non, je n'ai pas de vraies réponses aux questions soulevées dans ce chapitre. J'ai appris à repérer les mauvaises histoires, les mauvais·e·s auteur·rice·s à des kilomètres. Mauvais·e·s pour moi, mais apprécié·e·s par d'autres. Tout ne serait donc qu'une question de goûts et de couleurs, auquel cas chaque écrivain·e serait l'amateur·rice de quelqu'un.

L'APPRENTI·E AUTEUR·RICE, CE MYTHE

Certain·e·s se cachent derrière l'appellation d' « apprenti·e auteur·rice », tandis que d'autres la rejettent. Et, si, en fin de compte, nous étions tous des apprenti·e·s auteur·rice·s ?

Je ne m'étendrai pas davantage sur le débat auteur·rice professionnel·le vs. amateur·rice, car il m'apparaît que la distinction fait un peu tache dans le contexte où certain·e·s auteur·rice·s dit·e·s amateur·rice·s écrivent mieux et « plus intéressant » que d'autres, qualifié·e·s de professionnel·le·s. (Une histoire de goûts et de couleurs, souvenez-vous.) J'avais aussi parlé du fait que l'on apprend et devient un peu plus auteur·rice chaque jour. L'aspect d'apprentissage perpétuel me pousse à croire que, malgré les publications et auto-publications, chacun·e de nous a une part de son imagination toujours en jachères, c'est-à-dire en mouvements continus qui permettent cette découverte.

L'expérience n'a, peut-être, aucun rapport avec l'apprenti·e auteur·rice, que l'on qualifierait donc de mythe.

Si je cherche la définition d'apprenti, voici ce que j'obtiens :

nm. *Personne qui apprend, qui est en apprentissage.*

Dès lors, peut-on encore qualifier celles et ceux qui se lancent dans l'écriture d'apprenti·e·s auteur·rice·s, et uniquement elleux ? Qu'est-ce qui les différencie des autres, qui publient, à tour de bras ou non, qui touchent des droits d'auteur ?

La séparation des auteur·rice·s édité·e·s d'avec les autres relève du début de mon chapitre, mais, alors, dans quelle catégorie rentrent les apprenti·e·s ? En constituent-iels une à elleux seul·e·s ?

« Écrivant » et « écrivaillon » sont des termes que je croise fréquemment, plus qu' « apprenti·e auteur·rice », même. Pourtant, l'un comme l'autre sont péjoratifs :

- Écrivant : s'il qualifie aussi quelqu'un qui écrit des lettres ou qui compose des ouvrages (beaucoup plus rare en ce sens), on l'emploie souvent pour une personne qui écrit trop et n'importe quoi.
- Écrivaillon : est un écrivain sans talent.

Certain·e·s nomment ainsi d'autres, ma,is c'est en majorité elleux-mêmes qu'iels désignent de cette manière. Pourquoi une telle image dépréciative ? Est-ce parce qu'iels ne se sentent pas légitimes ou l'acte d'écrire par lui-même est-il perçu avec dévalorisation ?

J'ajouterai, néanmoins, que l'une des entrées a interpelé ma curiosité : les auteur·rice·s sont-iels de simples spectateur·rice·s ? De là, il serait logique de se demander dans quelle réalité vivent les auteur·rice·s (et, plus globalement, les artistes) et si l'image qu'iels véhiculent vient de là, car comme disait Proust en son temps : « La vraie vie, c'est la littérature. »

Peu importe toutefois l'appellation, puisque la peur, quelle qu'elle soit – est le lot quotidien de tout·e auteur·rice.

Exercice n° 13 :

Répondez aux questions suivantes pour essayer de déterminer la manière dont vous vous percevez en tant qu'auteur·rice et l'impact qu'elle peut exercer sur votre écriture :

- Vous qualifieriez-vous d'auteur·rice amateur·rice ? Pourquoi ?
- Incluez-vous qu'il faille en vivre pour considérer un·e auteur·rice comme professionnel·le ? (Dont vous-même.)
- Avez-vous conscience que certaines professions mal rémunérées ne permettent pas à leurs salarié·e·s d'en vivre ? Comment expliquez-vous la différence avec laquelle vous traitez leur professionnalisme avec celui d'un·e auteur·rice qui ne vit pas de ses publications ?

Si vous avez répondu « Oui » à la première question, les suivantes sont pour vous :

- Pour quelle(s) raison(s) vous qualifiez-vous d'auteur·rice amateur·rice ?
- Estimez-vous que votre façon de vous percevoir joue un rôle dans le développement de votre syndrome de l'imposteur ?
- Pensez-vous régulièrement à votre place parmi les autres auteur·rice·s ? Ces pensées parasitent-elles votre motivation et votre concentration ?

16. IDÉE REÇUE N° 5 : ÊTRE TOUJOURS AU TOP : UNE IDÉE PAS FORCÉMENT... TOP

On évolue dans une société qui nous demande d'être toujours plus productif·ve et performant·e. Il faut constamment jongler entre motivation, concentration et organisation, montrer le meilleur de soi-même, s'abstenir d'exprimer ses baisses de régime... Mais, être toujours au top, c'est épuisant, moralement et physiquement. C'est aussi se mentir, mentir aux autres et feindre un état d'absolu bonheur, alors qu'on a tou·te·s nos hauts et nos bas. (Parfois plus les uns que les autres, d'ailleurs.)

NE RIEN FAIRE, C'EST MAL VU

Pourtant, ne rien faire, c'est bien. C'est libérateur et précieux. Utile et tous les adjectifs que vous voulez associer à cette notion de « Tu as bien de la chance de n'avoir rien à faire ! »

Ne rien faire, donc. Cette idée seule nous renvoie à la notion d'inutilité, comme si chacune de nos entreprises se devait d'être fructueuse, rentable, nécessairement productive.

La chance de n'avoir rien à faire, n'est pas une chance en soi, mais un accord pris avec soi-même pour se ménager. N'avoir rien à faire, ça n'existe pas ; on a toujours un truc de prévu ou qui attend qu'on s'y mette. Mais, ne rien faire, c'est prendre le temps de ne rien faire. Prendre. Le. Temps. Envisager la possibilité de disposer de ce temps pour laisser vagabonder notre esprit, pour contempler les nuages, regarder dormir notre animal de compagnie, se réfugier dans une bulle de bienveillance vis-à-vis de soi-même.

Comment peut-on se prétendre serein·e en courant constamment partout ? Comment peut-on se qualifier d'esprit tranquille quand des pensées parasitent notre cerveau à longueur de journée, voire de nuit ? Comment peut-on se dire réellement productif·ve et épanoui·e dans son travail quand on s'impose de vivre au rythme du monde ?

Le rythme du monde n'est pas le rythme de chacun·e. À un moment ou un autre, on a tou·te·s besoin de souffler, de se libérer de l'injonction à la productivité qui motive nos actions et justifie nos journées de plus en plus soutenues, notre besoin de comparer, notre choix de paraître toujours au top.

Non, nos vies ne sont pas vouées à la performance. La méritocratie n'est qu'une illusion qui fait croire que « quand on veut, on peut », et user votre santé jusqu'à la corde ne vous fera pas mieux voir de vos pair·e·s, voire ça n'impressionnera personne. (Parce qu'il y a un peu de ça, aussi, non ?)

Si vous avez, ne serait-ce qu'un peu, l'impression que votre écriture et que votre créativité empruntent ce chemin glissant, je pense que vous devriez lire la suite pour tirer profit (puisqu'on en est là de nos vies) de l'avantage de ne rien faire. (Oui, quand on a appris à ne rien faire, on en tire quelques bénéfices.)

Quand on ne fait rien, on n'en profite pas pour faire le point ni pour tracer les grandes lignes de son avenir, on laisse juste courir le monde sans nous, on interrompt les mises à jour de tout ce qui nous entoure pour nous concentrer sur les nôtres. On participe à notre développement personnel, même si on ne s'en rend pas compte sur l'instant. On se met à jour dans notre propre vie.

Prendre le temps de ne rien faire, c'est apprendre à se laisser porter par le moment présent ; clarifier certaines choses sans même en avoir conscience ; apprendre à s'accorder de l'importance, plutôt qu'au dieu Temps.

Le temps qui passe à toute vitesse et s'écoule souvent sans nous. En grandissant, on perd l'habitude de profiter des plaisirs simples, misant notre bonheur sur la connectivité et les biens matériels, on perd l'habitude de s'émerveiller. « On n'a pas le temps pour ça ! » « Tu rêvasseras plus tard ! » Surtout, on a toujours une bonne excuse pour ne pas préparer ce roman qui nous fait tellement envie ni pour écrire ce livre de recettes. On n'a pas le temps.

Entre ne pas avoir le temps et ne pas prendre ce temps, il y a une différence. Un gouffre, même ! Celui de la prise de décision.

On peut ne pas avoir le temps. Ça arrive. À tout le monde, et quiconque vous assurera le contraire est un·e fieffé·e menteur·se ou se trompe sur son propre compte.

On peut ne pas avoir le temps, donc. On peut aussi aborder cette affirmation sous un autre angle, en se posant une question simple, laquelle permettra de définir si on ne se trompe pas de problème : est-ce que j'ai pris le temps de faire ci ou ça ? Est-ce que je me suis donné les moyens d'atteindre mon but ? Est-ce que cette seule phrase, « Je n'ai pas le temps », à force de la répéter, de ME la répéter, n'en est pas devenue l'affirmation que nous connaissons tou·te·s ? Ne lui donnons-nous pas trop de pouvoir sur nos vies ?

Je pense sincèrement qu'il est urgent de changer notre rapport au temps, de lui octroyer moins d'influence sur nous, sur notre façon de penser nos journées, d'aménager nos existences. S'il est le pilier principal de notre organisation – que l'on ne peut étendre ou restreindre selon nos besoins –, il reste une variable. Et, ça veut bien ce que ça veut dire : à trop courir après le temps perdu, on en finit par regretter des actions que l'on n'a jamais pu mener. La faute à qui ? Pas toujours au temps, auquel on prête une importance qui nous fait passer à côté de nous-mêmes.

S'ALIGNER SUR LES PERFORMANCES DES AUTRES EST UNE MAUVAISE IDÉE

Les challenges d'écriture – comme le NaNoWriMo, les Camp NaNoWriMo ou le défi à 100 000 mots en cent jours – sont de formidables moteurs de créativité. L'émulation générale autour de ces évènements permet de bons coups de pied au cul... à condition de ne pas trop s'en demander. Tout ceci doit se faire dans le respect de votre vie quotidienne, de vos habitudes et de vos limites.

Vous fixer un objectif trop important équivaut à partir sur de mauvaises bases, alors, rendez-vous service et n'essayez pas d'atteindre des sommets du premier coup. L'écriture, c'est beaucoup, beaucoup d'entraînement, et puis, entre nous, ce n'est pas une course. On court déjà assez partout au quotidien.

Vous aligner sur les performances des autres est, donc, une mauvaise idée. (De là à dire que c'est la plus mauvaise d'entre toutes...) Vous risquez de ne pas vous y retrouver, de vous dégoûter de l'écriture (ou de l'aquarelle, du crochet ou toute autre activité créative), de vous donner du mal pour rien parce que, derrière, votre texte suintera de votre ras-le-bol.

Chacun·e est différent·e. On n'a pas la même expérience, le même rythme, ni la même conception du métier d'auteur·rice. Se comparer aux autres, c'est mettre tout le monde sur un pied d'égalité, et, ça, ce n'est clairement pas le cas.

Se comparer aux autres, c'est oublier qui l'on est : une personne à part entière avant d'être un·e auteur·rice, et on est d'accord que l'on ne peut pas devenir quelqu'un d'autre. Ce n'est pas la personne qui fait l'auteur·rice, mais l'auteur·rice qui se façonne. Iel apprend de qui iel est, bien sûr, puise dans ce qu'iel connaît... (D'ailleurs, ne conseille-t-on pas aux apprenti·e·s auteur·rice·s d'écrire d'abord sur ce qu'iels connaissent ?) Moi, si je devais leur donner un conseil, ce serait celui de se connaître soi-même avant d'envisager connaître quelqu'un d'autre, sous-entendu, ici, ses personnages.

L'auteur·rice est une variable dans l'écriture d'un roman. Selon ce qu'iel ressent, le texte empruntera une direction différente. Selon s'iel se sent moins doué·e que les autres, iel le traduira à travers son roman, iel transmettra son ressenti, et, alors, ce texte perdra de sa force initiale s'il en possédait une. (C'est de l'autosabotage, en fait.)

On n'est pas quelqu'un d'autre, donc.

Penser à s'aligner sur les autres, c'est voir le problème à l'envers, c'est croire qu'on est, soi-même, le problème, alors que, clairement, il se trouve dans notre vision de nous-mêmes, dans la façon de nous poser par rapport aux autres, à leurs accomplissements, mais, aussi, à ce qu'iels partagent sur leurs réseaux sociaux. (Vous savez, quand on montre que tout va bien, même si ce n'est pas le cas ?) Les réseaux sociaux ont cette capacité à déformer la réalité, de par la volonté qu'y ont les utilisateur·rice·s à paraître sous leur meilleur jour.

Quand on cherche à s'aligner sur les performances des autres, on tente, surtout, de s'aligner par rapport à un contenu qui nous est proposé, voire amélioré. C'est comme essayer d'atteindre une beauté parfaite en s'appuyant sur un modèle archi-photoshopé. Ça ne peut pas fonctionner, parce que l'un·e n'est pas l'autre, parce qu'on a tou·te·s nos hauts, nos bas, nos difficultés et nos doutes... parfois joyeusement entretenus par le syndrome de l'imposteur. (Là, je vous renvoie au chapitre 7.)

Chercher à s'aligner sur les performances des autres est une quête vouée à l'échec, en plus d'être une bêtise monumentale. C'est renier qui l'on est parce que l'herbe semble plus verte à côté. C'est renoncer à trouver sa propre voie. (Même si ce n'est pas facile. Je n'ai jamais prétendu le contraire.) Ce n'est pas parce que tel·le auteur·rice publie à tour de bras que vous devez en faire autant ni devenir envieux·se de son succès, s'iel en a. Si vous ne parvenez pas à faire publier votre texte, il n'est pas forcément en cause : vous avez peut-être visé la mauvaise maison d'édition, le manuscrit ne l'intéressait pas parce qu'elle a déjà un truc similaire en stock ou en projet, ou ce n'était juste pas le bon moment. Pensez-y, surtout avant de vous tourner vers l'autoédition, ce que beaucoup font en croyant que c'est facile.

ÊTRE TOUJOURS AU TOP, C'EST AFFRONTER SEUL·E SES DOUTES

Affronter seul·e ses doutes, surtout sous prétexte que « L'écriture est un acte intime. », est une sacrée bonne blague. L'écriture n'a pas à se faire seul·e. Vous pouvez vous entourer d'un tas de personnes, des concerné·e·s, des moins concerné·e·s... Vous pouvez suivre votre chemin avec quelqu'un ou sans personne, changer, changer encore... Vous pouvez aussi choisir de faire part de vos doutes ; ce n'est pas être vulnérable ou faible, mais humain·e.

L'écriture n'est pas un acte intime, mais bêtement humain. De tout temps, les Hommes ont éprouvé le besoin d'écrire, de rapporter leurs expéditions par écrit, de conter des histoires de grand méchant loup ou de sorcières, de rédiger leurs mémoires, d'arpenter le monde en informant leurs lecteurs au détour d'articles... Les expéditions n'ont pas toujours été un franc succès, les contes exploitent particulièrement bien la complexité humaine, les mémoires ne sont pas toujours parfaites, et les auteur·rice·s d'articles ne cachent pas leur déception à propos d'une pièce de théâtre, d'un concert ou d'une exposition.

Dans l'imaginaire collectif, écrire un roman se résume à s'installer à son ordinateur (ou son bloc-notes, son carnet...) et enchaîner sur des kilomètres de mots, de phrases, de pages... jusqu'au jour où le bébé est terminé. Tout ceci se déroule dans la plus stricte intimité du bureau, bien sûr. Eh bien, c'est faux ! Évidemment, certain·e·s préfèrent travailler seul·e pendant que d'autres s'organisent des sessions d'écriture collectives, IRL ou en ligne, des sprints, se lancent des défis...

L'écriture est, dans le plus strict sens du terme, un acte intime, en effet. Parce qu'on y met de soi-même, de ses expériences, de ses ressentis, de ses combats, parfois... Mais, solitaire, ça, c'est à chacun·e d'en décider.

Ceci pour dire que vous n'avez pas à vous imposer d'écrire dans votre coin, encore moins à affronter seul·e vos doutes. Si vous le faites dans un souci du paraître, parce que « l'écriture est un acte intime », c'est d'autant plus une erreur, car vous vous forgez sur une idée faussée du métier d'auteur·rice. Mais, peut-être que votre perception du métier ne provient pas que de son intimité surévaluée ou de sa solitude supposée, plutôt de votre vision des autres, difficilement intégrables à ce que j'appellerai votre bulle. (Soit votre espace de travail, ce qu'il se passe exclusivement entre vous et ton texte en cours.)

Rien ne sert de s'opposer aux autres créateur·rice·s, de chercher en elleux un idéal, ni d'envier leur(s) succès. Être avec les autres, plutôt qu'en comparaison constante, voire en opposition, avec elleux n'est pas tourner le dos à ce qui fait le métier d'auteur·rice (ou l'idée que l'on en a) ni à l'écriture, y compris dans une perspective non professionnelle. Côtoyer les autres auteur·rice·s n'est pas risquer de compromettre son inspiration. (Certain·e·s pensent sincèrement que lire, par exemple, les influencera pour un texte en cours, raison pour laquelle... iels ne lisent plus ! Oui, j'ai déjà rencontré ce cas de figure. Plusieurs fois.)

Rien ne sert de comparer. L'écriture créative n'est pas un concours de celui ou celle qui écrit le plus vite ou le plus de mots dans un roman, dans un chapitre... On n'a rien à apprendre à se comporter ainsi, qu'il s'agisse de comparaison ou de jalousie. Par contre, apprendre des autres est un atout.

Ces doutes qui nous envahissent, d'autres les ont déjà éprouvés. Ils peuvent concerner l'écriture d'une scène, l'orientation sexuelle ou religieuse d'un personnage, les codes d'un genre précis, la légitimité, la peur de mal faire... Ça englobe pas mal de domaines qui ne concernent pas juste l'écriture, en fait. Ces questions, c'est la vie. Si vous ne vous interrogez pas, vous n'évoluez pas ou pas de la même façon. Quand on écrit, on se pose forcément tout un tas de questions : est-ce que c'est bien, est-ce que je peux parler de ça dans un roman pour enfants, comment je peux contourner telle ou telle situation... Et, quand on ne sait pas, on demande aux autres. Parce qu'il y a des concerné·e·s, des habitué·e·s, des gens qui écrivent depuis des décennies, qui sont plus âgé·e·s ou plus jeunes (selon ce dont on a besoin), qui exercent divers métiers, qui vivent ou ont vécu certaines choses... Une seule personne ne peut pas cumuler toutes les expériences du monde. Vous ne pouvez pas cumuler toutes les expériences du monde, mais vous pouvez vous entourer de personnes qui les vivent ou les ont vécues, qui ont traversé des déserts, qui ont connu certaines époques ou en ont étudié d'autres. C'est la richesse de notre monde. À vous de vous en nourrir. N'hésitez pas à demander quand vous ne savez pas, c'est mieux que de rester isolé·e et de mettre les pieds dans le plat.

Vouloir affronter seul·e vos doutes est surtout lié à votre perception du métier d'auteur·rice. L'image que l'on en a, très romantique, ne reflète pourtant pas la réalité. Alors, on ne se compare pas aux autres, on n'envie pas leur(s) succès, on apprend d'eux, de leur travail... Demander un renseignement ou faire part de ses doutes n'est pas une marque de faiblesse. On en passe tou·te·s par là, c'est humain, et c'est même une bonne chose de s'interroger. (Pour la solitude de l'auteur·rice, je vous renvoie à l'idée reçue numéro 1, au chapitre 12.)

ÊTRE TOUJOURS AU TOP, C'EST SE RÉSIGNER À PARAÎTRE LISSE

Personne n'aime les personnages lisses. Même pas vous. Ni les lire ni les écrire. Les personnages lisses, il n'y a rien de pire. Rien de pire qu'un personnage qui va faire comme tous les autres, alors que, là, maintenant, il pourrait prendre une décision à même de réorienter ton roman. Rien de pire qu'un personnage sans personnalité, qui va valider des décisions, même si elles lui échappent et même s'il dispose de cartes susceptibles de créer des tensions dans votre intrigue.

Héro·ïne·s, allié·e·s, antagonistes... Chaque personnage se doit d'être fort, dans le sens où il va permettre une identification par læ lecteur·rice. Il va susciter des sentiments. Qu'ils soient positifs ou négatifs, ces sentiments amèneront à des réactions chez læ lecteur·rice.

L'environnement, l'entourage, le quotidien, etc. du personnage vont l'impacter, lui, mais aussi ses réactions, orienter ses besoins, définir son but... Exactement comme une vraie personne. Exactement comme vous.

Est-ce que vous commencez à voir où je veux en venir ?

Les besoins de vos personnages sont prioritaires pour qu'ils suscitent l'intérêt. Les vôtres aussi ! À la différence que ce ne sera pas pour susciter l'intérêt, si ce n'est le vôtre pour vous-même.

Être toujours au top, c'est paraître lisse. Or, tout le monde aime la transparence, IRL ou en ligne. Enfin, je crois. (Parfois, je me demande, quand je vois les copier-coller de « Je vais bien, tout va bien » et l'ambiance générale qui semble souvent au beau fixe sur les réseaux sociaux.)

Alors, non, le soleil ne brille pas toujours. Tout ne va pas pour le mieux dans le meilleur des mondes, et il est important de s'en rendre compte. On ne vit pas dans une utopie. Vous ne vivez pas dans une utopie. Vous avez des besoins, des priorités (vous-même en fait partie), des limites. En parler (sur les réseaux sociaux, dans votre journal d'auteur·rice, dans votre Bullet Journal...) peut vous aider à y voir plus clair, à définir ces besoins, priorités et limites ; à cultiver la bienveillance et l'esprit serein. Et, ce n'est pas en essayant d'être quelqu'un d'autre, en affichant une fausse image de vous sur les réseaux sociaux (par exemple) que vous apprendrez à vous apprécier, à aimer ce que vous faites, à avoir de la considération pour vous-même et votre œuvre.

Au-delà de vos besoins, c'est de votre identité dont nous parlons, qu'elle soit personnelle ou marketing. (Si vous envisagez de vendre votre travail ou si vous le faites déjà.)

Votre identité reflète votre personnalité. Normalement. Vous avez des hauts, des bas, des excès d'inspiration et des périodes où vous vous demandez comment vous allez vous en sortir et comment vos personnages vont s'en sortir. Mais, vous avez le droit d'écrire – sur les réseaux sociaux, par exemple – que vous traversez un moment de doute ou, au contraire, profondément créatif. Parce que vous pouvez aussi voir au-delà de ce que j'appelle le « mythe de la personne toujours très, très contente », dire quand tout roule pour vous, pour vos projets, que vous êtes dans une phase où l'écriture vous apporte un vrai soutien.

J'ai remarqué qu'être « très, très content·e » sur Internet est souvent associé à un schéma qui ne s'étale pas sur le projet en tant que tel ni sur la personne à son origine : vous. C'est plus une pensée globale qui, finalement, ne nous avance pas à grand-chose : ni vous, qui pourriez tirer profit d'un moment pris pour vous et « te raconter », ni pour la personne qui vous lit, puisque, au final, elle sait juste que vous êtes « très, très content·e ». Les raisons lui échappent, votre évolution lui échappe, et, de ce fait, le message que vous pourriez transmettre se perd dans l'aspect lisse auquel vous vous conformez pour coller aux standards actuels.

Souvenez-vous que vous n'avez pas à être un personnage sur Internet ni dans votre écriture. Si vous ressentez le besoin de parler de vos doutes sur vos réseaux sociaux, faites-le, d'autres créateur·rice·s vous liront volontiers et apprécieront votre sincérité. Je sais que le paraître joue un rôle très important sur notre façon de consommer les réseaux sociaux. (Oui, consommer.) Je sais aussi que vous voulez bien faire ou que vous vous cherchez. Des erreurs, vous en commettrez forcément, mais, vous savez quoi ? Il n'est jamais trop tard pour les rattraper !

Être toujours au top est un masque que certain·e·s revêtent pour se donner un visage qui n'est pas le leur, qui ne reflète pas la vérité – consciemment ou inconsciemment. C'est typiquement la raison pour laquelle je me « méfie » des comptes Instagram où tout est parfait, des vidéos où læ Youtubeur·se est toujours « très, très content·e »...

C'est un vernis que je n'ai pas envie d'appliquer, ni à mes réseaux sociaux ni à mes personnages ; une épine dans le pied de celleux qui se donnent beaucoup de mal pour, finalement, pas grand-chose ; un comportement qui peut même devenir toxique si l'on se perd dans les injonctions au bonheur. Nul·le n'est obligé·e d'être heureux·se tout le temps. Ne laissez personne vous y contraindre.

Exercice n° 14 :

Répondez aux questions suivantes pour essayer de définir à quoi vous attachez de l'importance :

- Savez-vous rester à ne rien faire ? Si non, pourquoi ? Qu'est-ce qui vous pousse à rentabiliser chaque instant de votre vie ou de votre écriture ?
- Avez-vous tendance à vous comparer aux autres ? Pourquoi : s'agit-il d'une forme de motivation ou une façon de vous dire que s'iels peuvent le faire, alors, vous aussi ? Qu'est-ce qui vous paraît gênant dans ces comparaisons ?
- Dressez la liste des personnes auxquelles vous vous comparez et écrivez ce que vous ressentez à leur encontre. (Admiration, fierté…)
- Avez-vous l'habitude de partager vos doutes propres à l'écriture ? Pourquoi ? Qu'est-ce que cette habitude vous apporte ?
- Respectez-vous vos besoins, les limites que vous imposent votre corps et votre esprit ? Pourquoi ? Percevez-vous une forme d'injonction de la part de la société, de vos proches, de vos pair·e·s à vous comporter ainsi ?

17. IDÉE REÇUE N° 6 : IL FAUT ÉCRIRE TOUS LES JOURS

Écrire tous les jours est un conseil que bon nombre d'auteur·rice·s – publié·e·s ou non – dispensent çà et là, si bien qu'un·e auteur·rice qui débute se retrouvera vite devant un dilemme : écrire chaque jour quitte à sacrifier une autre activité ou renoncer à écrire chaque jour et passer pour un·e auteur·rice qui ne se donne pas la peine.

ÉCRIRE TOUS LES JOURS POUR DÉVELOPPER UNE HABITUDE... PAS UNE CONTRAINTE

Je commencerai par vous dire que, oui, il faut écrire tous les jours, mais ceci pour développer une habitude. L'idée n'est, évidemment, pas de vous coller une contrainte au quotidien, plutôt d'avancer et de progresser.

Écrire régulièrement est important dans le développement d'un·e auteur·rice, puis dans son processus créatif. (Lequel n'est pas voué à rester figé, puisqu'il évoluera avec son auteur·rice.) Il s'agit, ici, de considérer l'écriture comme un sport, d'entraîner le cerveau à se mettre en condition, à botter les fesses de la procrastination, à analyser la ou les causes de cette procrastination... La régularité est l'ami numéro un de l'auteur·rice, celui qui lui permettra de se familiariser avec l'exercice, pas si évident, de l'écriture, non plus à l'envie, mais à la demande.

À terme, écrire devient une habitude. Passer régulièrement à l'action permet d'aller au-delà de l'intention et de générer des astuces, voire un rituel, comme se préparer un café. Une habitude met un certain temps à s'ancrer dans le quotidien. Beaucoup abandonnent faute de motivation, de stratégie ou de temps, le plus souvent. Se tenir à une habitude n'est pourtant pas qu'une question de motivation, de plan d'attaque, ni de temps. La clé est dans la décision de s'y mettre. (Les cinq à dix premières minutes sont souvent les plus difficiles, mais, à force de pratiquer l'écriture régulièrement, la prise de décision se fait plus volontairement.) L'organisation vient après, quand on se connaît suffisamment. (Et quand on connaît suffisamment son processus créatif dans la régularité.)

Il est important de vouloir passer à une étape supérieure (par exemple, écrire 500 mots chaque jour) après avoir mis en place votre habitude. Un pas après l'autre. Tout commencer d'un coup est le meilleur moyen de ne rien finir, et il serait dommage de gâcher de beaux efforts par excès de confiance ou par impatience :

1. Choisissez une habitude à prendre : écrire trois à quatre fois par semaine, à la même heure, pendant le même laps de temps, les mêmes jours...

2. Accordez-vous le temps nécessaire. (Variable selon les personnes, la motivation, le quotidien...)

3. Quand l'habitude est ancrée (plusieurs semaines), envisagez une nouvelle étape, mais allez-y tranquillement : écrire 500 mots par session d'écriture, écrire 2000 mots par semaine...

4. Si vous le souhaitez, essayez d'écrire un peu chaque jour (250 mots par jour donnent, tout de même, 1750 mots par semaine), mais ne forcez pas si ça ne correspond pas à votre emploi du temps, à votre vie de famille, à la façon dont vous percevez votre régularité dans l'écriture...

Je le répète, écrire régulièrement permet de développer une habitude, pas une contrainte.

Écrire régulièrement dépend de ce que chacun·e définit comme régulier. Pour certain·e·s, trois fois par semaine, c'est suffisant pour parler d'habitude. Pour d'autres, écrire chaque jour est une plaie, une course dans un quotidien de plus en plus chargé et critiqué si l'on veut prendre un peu de repos.

La productivité n'est pas une question d'heures passées à écrire, mais de résultats. Et, ces résultats, on ne les obtient pas par la force.

Vous astreindre à une écriture quotidienne, alors que vous n'avez pas la tête à ça, que vous n'avez réellement pas le temps chaque jour, est d'une violence que vous n'imaginez peut-être pas encore. On s'oblige à écrire quand on connaît vraiment ses capacités, c'est-à-dire quand on a pu les mettre à l'épreuve, avec bienveillance.

On ne passe pas, du jour au lendemain, à une écriture quotidienne entre deux biberons, trois vaisselles, un boulot à temps plein et un cours de yoga. Il faut savoir y aller avec parcimonie, apprendre à s'accorder le temps nécessaire, pour développer une habitude saine et non violente. Vous ne vous engagez pas dans un concours de celui ou celle qui écrit le plus, vous n'êtes en concurrence avec personne, et la seule personne que vous ayez à satisfaire est vous-même, alors, si écrire tous les jours n'est pas une habitude que vous souhaitez acquérir (ou que vous le souhaitez juste pour dire « Je l'ai fait »), revoyez votre définition du mot « régularité ». Vous réaliserez que vous pouvez écrire autant en trois sessions d'une heure, éparpillées sur la semaine, qu'en sept sessions de trente minutes, la pression du quotidien en plus.

La décision d'écrire tous les jours vous appartient et dépend de votre ou vos objectifs. Certain·e·s vous diront qu'une ambition de devenir « professionnel·le » (d'en vivre) passe par une écriture quotidienne, mais vivre de sa plume ne dépend pas, à mon sens, du temps passé à écrire. (Encore une fois, je me concentre sur les résultats, que tou·te·s n'obtiendront pas sur la même durée.)

DE L'IMPORTANCE DE VOS OBJECTIFS

Dire d'emblée qu'il faut écrire tous les jours est considérer que chacun·e a un temps identique à consacrer à l'écriture, ce qui est faux, autant chez les auteur·rice·s publié·e·s que les aspirant·e·s. Même si votre objectif est de faire publier votre premier roman, il est inutile de sacrifier vos nuits et votre bien-être. (Gardez de l'énergie pour le roman suivant.) Il est inutile de vous comparer aux autres, de penser que s'iels y arrivent, vous y arriverez aussi, car la réalité est bien différente. (Je vous renvoie au chapitre 16, l'un des paragraphes aborde justement le sujet des autres et de la comparaison.)

Écrire est un choix. Le temps que vous consacrez à l'écriture doit l'être également. Chacun·e son rythme. Chacun·e ses ambitions. Chacun·e la discipline qu'iel décide de s'imposer.

DE LA DISCIPLINE, ESSENTIELLEMENT

Quand on vous conseille (fortement) d'écrire tous les jours, ce n'est pas pour vous dégoûter, mais vous faire comprendre que l'écriture passe par une certaine discipline. Que je parle, ici, de développer une habitude n'est pas anodin, puisqu'elle sera à la base de la discipline que vous vous imposerez. Personne ne vous oblige à être intransigeant·e avec vous-même ni à vous fixer des objectifs irréalisables. En revanche, mettre en place une discipline selon vos règles est indispensable si vous souhaitez progresser, que ce soit dans l'écriture en tant que telle ou les mécanismes liés à la décision d'écrire, de passer à l'acte de façon régulière.

ÉCRIRE SANS CULPABILITÉ

Écrivez sans vous mettre la pression. Écrivez sans culpabilité. N'écrivez pas, même, si vous estimez que ça ne respecte pas les règles que vous avez établies. Toutefois, ne guettez pas la motivation pour vous y mettre. Elle est une petite bête capricieuse, aussi, attendre qu'elle se manifeste risque de reporter l'écriture de votre roman aux calendes grecques.

N'exigez rien de vous-même que vous ne demanderiez pas aux autres. Je trouve qu'il s'agit d'une bonne limite quand on ne sait pas trop dans quoi on met les pieds. Puisque vous ne le demanderiez pas à d'autres, pourquoi l'exiger de vous-même ? Pourquoi cette bienveillance envers autrui, mais pas envers vous-même ? Qu'est-ce qui justifierait une telle distinction ?

Enfin, envisagez la possibilité d'écrire régulièrement, mais pas sur votre texte en cours. L'écriture automatique peut être une perspective intéressante si vous souhaitez développer une habitude. Surtout, vous détacher de votre roman est un bon prétexte pour y revenir l'esprit apaisé, plutôt que vous acharner dessus et vous lasser, voire rebuter.

Exercice n° 15 :

Pendant une semaine, essayez d'écrire chaque jour. Notez les journées où il vous est plus facile de vous mettre au travail, les raisons pour lesquelles vous n'y parvenez pas les autres jours. Listez vos difficultés, mais, aussi, vos facilités, ainsi que votre humeur du moment, votre état de fatigue… Au terme de l'exercice, il se dessinera une tendance à laquelle vous pourrez vous référer pour déterminer à quel(s) moment(s) vous êtes læ mieux disposé·e à écrire. (En termes de temps et de disposition.)

18. IDÉE REÇUE N° 7 : NE JURER QUE PAR LA *TO-DO LIST*

J'ai une longue expérience en matière de *To-Do List*. J'en utilise pour tout.

J'en utilisais.

Aujourd'hui, c'est fini.

La *To-Do List* est un outil simple et efficace, un outil formidable, à condition de l'utiliser avec parcimonie. Avec le recul, j'ai compris que créer une liste pour tout revient à se mettre des bâtons dans les roues. C'est une injonction à la productivité.

La productivité, c'est bien, mais, une fois encore, à condition d'établir des limites.

Alors, la *To-Do List* : utile ou contre-productive ?

LA *TO-DO LIST* : UNE INJONCTION À LA PRODUCTIVITÉ

Je pourrais nourrir le sujet pendant longtemps, tellement il y aurait à dire sur les effets néfastes de cette sacro-sainte productivité. Comme s'il fallait produire pour être heureux·se ! Comme si s'accorder quelques heures de repos par semaine relevait de l'inconcevable. Et, pourtant...

La *To-Do List* est d'autant plus un piège qu'elle amène à un sentiment d'autosatisfaction. Sentiment partiel, puisque nous avons tendance à vouloir toujours produire plus en nous comparant aux autres et en subissant leur jugement.

Ce sentiment, c'est 95 % de poudre aux yeux. Nous cherchons à nous valider nous-mêmes. Nous puisons, dans une autosatisfaction que nous n'atteignons jamais réellement, une forme de légitimité à passer à autre chose.

Notre société occidentale entretient un rapport au temps que je qualifierais de malsain. Il faut toujours produire, toujours produire *plus* et *mieux*. Toujours s'aligner sur le rendement des autres. C'est un défi perpétuel. On ne vit plus selon le temps qui nous est imparti, on le consomme. (Et on en manque toujours un peu plus.)

C'est en ce sens que, plus haut, je parlais de sentiment partiel d'autosatisfaction. Nous demeurons dans une posture demandeuse de temps, à essayer de caser toujours plus de tâches au lieu de gérer ces tâches en fonction du temps que nous avons à notre disposition.

Nous avons aussi tendance à croire que la productivité est juste un enchaînement de tâches en un délai imparti. Or, elle est le rapport entre un résultat obtenu et les moyens mis en œuvre pour y parvenir. À aucun moment, on ne parle de temps.

Se fixer des objectifs réalisables, cela vous interpelle-t-il ? Et le lâcher-prise ?

Le temps n'est pas un ennemi. La *To-Do List* non plus.

Chacun·e aurait énormément à gagner à concevoir son rapport au temps autrement que sous forme de contrainte.

Pour ma part, je fonctionne avec trois tâches quotidiennes pour le travail. Certaines de ces tâches en englobent d'autres, plus rapides à effectuer. J'ai appris à me détacher de la contrainte temporelle pour me faire un allié en or : le temps lui-même.

Ma *To-Do List* quotidienne ne s'apparente plus à un parcours d'obstacles. J'avance sereinement dans ma journée et n'hésite pas à reporter les tâches qui ne sont pas prioritaires. (Notamment si je n'arrive pas à les accomplir un jour précis.)

Tout n'est pas prioritaire, contrairement à vous.

Avec la productivité qui nous engage dans une sempiternelle course contre la montre, on a tendance à s'oublier, à oublier de nous accorder du temps. (Oui, j'insiste : le temps est notre allié.)

La *To-Do List* n'est pas prioritaire non plus. Je l'écrivais plus haut : je n'hésite plus à reporter mes tâches. (Toujours dans la mesure du raisonnable, bien entendu.)

Pour en arriver à une *To-Do List* respectueuse de soi-même, il y a tout un travail à effectuer, un apprentissage de ses propres habitudes et de ses limites.

Connaissez-vous vos limites ? Vous êtes vous déjà penché·e sur la question ou enchaînez-vous les tâches jusqu'à épuisement ? Quel est votre état d'esprit à la fin de la journée ?

Ce travail est long et nécessite de l'attention. Loin de n'être qu'une simple formalité, il vous aidera à vous organiser de façon à respecter votre bien-être et à cibler vos réels besoins.

Si vous gardez l'objectif d'en faire le plus possible au cours de la même journée, la *To-Do List* ne sera pas votre amie.

CONCEVOIR LA *TO-DO LIST* COMME UNE AMIE

Pour concevoir la *To-Do List* comme une amie, il vous faudra, donc, revoir votre rapport au temps, votre temps, celui dont vous disposez globalement et celui que vous vous accordez selon les tâches.

Avez-vous déjà songé à déterminer une période précise pour chacune de ces tâches ? Et à vous accorder des pauses régulières ? (Voir la solution à mettre en place n° 2, dans le chapitre 21, avec la technique Pomodoro.) Car, un esprit reposé et apaisé travaille mieux. (On en revient à la notion de productivité, mais, cette fois, sous un angle bienveillant.)

Tendre vers une productivité bienveillante, c'est possible. Pour ce faire, ne surchargez pas votre emploi du temps, aménagez-vous des pauses régulières et ne renoncez pas au décalage de certaines tâches. N'ayez pas peur d'apprendre de vos échecs. (D'ailleurs, un échec n'en est un que si l'on n'en tire rien.) Ne remettez jamais en cause votre capacité à produire et ne vous comparez jamais, jamais, jamais aux autres ; c'est le meilleur moyen d'entamer votre volonté et de vous pousser à l'opposée de votre objectif : une *To-Do List* claire et aérée.

Plus haut, je parlais de trois tâches par jour. Il semblerait qu'il s'agisse là du chiffre idéal pour tirer vraiment profit d'une journée. Je l'ai peut-être idéalisé, mais, en tout cas, ça fonctionne sur moi.

Depuis que je suis passée à trois tâches quotidiennes, je ne déborde plus de mon temps de travail – lequel, je le précise, n'est « que » de six heures. Six heures qui me permettent d'écrire, de tenir le blog, la chaîne, de répondre aux nombreuses questions et sollicitations que je reçois en message privé sur Instagram... et au-delà desquelles je peux me consacrer à mes loisirs.

J'ai cessé de comparer ma productivité à celle des autres, de vouloir me mettre au défi. J'ai arrêté les challenges, le NaNoWriMo (je ne l'ai plus fait depuis deux ou trois ans) et je ne participe au Camp NaNoWriMo que quand j'en ai envie. Je ne participe plus pour participer. (Ma dernière participation en date remonte à avril 2020, et je *voulais* atteindre les 50 000 mots, ce qui fait une grosse différence avec une participation par « effet de mode ».) Aujourd'hui, je sais que je n'en ai pas besoin, ni pour avancer, ni pour progresser, ni pour me donner les moyens d'atteindre mes objectifs.

Ma *To-Do List*, c'est de moi-même à moi-même. Personne d'autre ne compte. Rien d'autre ne compte. Pas de comparaison foireuse, de course contre la montre, ni de *deadlines* de folie. J'ai dépassé ce stade, à force de compréhension envers moi-même et mon rythme de travail.

SOUFFLEZ ! ET RÉORGANISEZ-VOUS

Peut-être que tout est à refaire dans votre façon de concevoir la *To-Do List*. Ou peut-être pas. Dans tous les cas, rappelez-vous qu'elle est l'outil, non pas l'aboutissement. Elle n'est pas un but ultime à atteindre, mais hiérarchise les jalons qui permettent de remplir vos objectifs.

La *To-Do List* est un « pas à pas », un procédé fort simple qui consiste à gravir ses propres échelons, à son rythme et selon ses envies et ses besoins. Vous n'avez pas à vous fixer des objectifs utopiques pour vous prouver que vous avancez. Au contraire, privilégiez des objectifs clairs et réalisables.

Exercice n° 16 :

Dressez spontanément la liste de toutes les tâches que vous avez à effectuer prochainement. Ne vous préoccupez ni du temps qu'elles devraient vous prendre ni des *deadlines*, qu'elles soient personnelles ou professionnelles.

Exercice n° 17 :

Au bout de quelques jours, revenez à votre liste principale et triez vos tâches selon :
- Leur importance : urgentes, importantes ou non urgentes
- Le temps qu'elles devraient vous prendre.

Exercice n° 18 :

Un peu plus tard, reprenez vos tâches triées et découpez les plus grosses (c'est-à-dire celles qui vous prendront le plus de temps) en sous-tâches. Pensez aussi à les hiérarchiser pour ne plus avoir qu'à les piocher dans l'ordre le moment venu.

Exercice n° 19 :

Maintenant que votre liste principale est triée et vos tâches les plus chronophages hiérarchisées en sous-tâches, vous allez dresser votre planning pour la semaine.

Exercice n° 20 :

À la fin de cette semaine, notez tout ce qui vous a fait défaut : temps, imprévus, pauses inexistantes… Essayez, ensuite, de comprendre pourquoi ces éléments vous ont justement fait défaut. Surtout, conservez votre liste principale, vous en aurez besoin pour un prochain exercice.

Exercice n° 21 :

Répondez aux questions suivantes :
- Aviez-vous gardé du temps pour gérer les imprévus ?
- Avez-vous limité les interruptions ?
- Vous en êtes-vous tenu·e aux tâches que vous vous étiez fixées ou vous êtes-vous dispersé·e ?
- Avez-vous pensé à effectuer les tâches les plus ingrates, ennuyeuses ou difficiles en premier ?
- Enfin, avez-vous pris des pauses ?

Exercice n° 22 :

Maintenant que nous avons fait le point sur les six lois pour organiser son temps de travail (je vous renvoie au chapitre 4 pour vous les remémorer), vous allez reprendre votre liste principale de la semaine dernière. Surlignez toutes les tâches que vous n'avez pas pu effectuer à ce moment-là, puis reportez-les sur votre nouvelle liste hebdomadaire. Mais, cette fois, veillez bien à penser aux six lois rappelées plus haut. (Quitte à vous créer un emploi du temps strict, avec les horaires pour les sessions d'écriture et pour les pauses.)

19. (ESSAYER DE) VAINCRE SA PROCRASTINATION

Contrairement à une idée reçue, vaincre sa procrastination n'est pas toujours chose aisée. Tout dépend du problème de base. Alors, avant d'espérer la reléguer au rang de lointain et mauvais souvenir, mieux vaut commencer petit et avancer doucement. Et, j'ai justement quelques pistes pour vous y aider.

Notez que ce chapitre propose trois pistes de réflexion qui, à mon sens, ne nécessitait pas un chapitre entier chacune. (Les chapitres 20 à 22, eux, présentent trois autres solutions à mettre en place.)

COMMENCER PAR UNE AUTRE ACTIVITÉ QUE L'ÉCRITURE

Ma première idée est de vous consacrer, quelque temps, à une autre activité. Que vous en essayiez une nouvelle ou que vous en poursuiviez l'exploration, peu importe, tant que vous orientez votre esprit loin de l'écriture. Enfin, pas si loin, puisque vous restez dans le domaine créatif.

L'objectif, ici, est de vous réapproprier votre processus créatif par le biais d'une activité que vous pratiquez moins que l'écriture. Peut-être que cette activité vous permettra de débloquer une session d'écriture. Dans tous les cas, ne forcez pas et prenez bien le temps de préparer vos sessions. (Par le biais d'une autre activité et/ou en l'associant à un geste agréable, réconfortant...)

ÉCRIVEZ SANS VOUS METTRE LA PRESSION : CE QUE VOUS VOULEZ, SANS *DEADLINE*

Ma deuxième option rejoint ce que j'écrivais dans la dernière parenthèse du paragraphe précédent : associer votre session d'écriture à un geste agréable, rassurant ou réconfortant est un bon moyen de vous sentir « apte » à l'écriture. Faites-en votre super pouvoir d'auteur·rice. Que le café (ou toute autre boisson chaude) vous aide à reprendre votre texte ! Que la compagnie du chat (ou tout autre animal) remonte votre moral à bloc !

Optez pour le texte, l'exercice, le prompt de votre choix. Concentrez-vous sur une autre activité pendant dix à vingt minutes. Écrivez pendant vingt minutes, puis prenez une pause. Si vous vous sentez d'enchaîner sur une autre session d'écriture, profitez-en. Si ça coince, n'hésitez pas y revenir plus tard, après avoir répété votre nouveau « rituel ». Ou vous pouvez essayer ma troisième méthode.

ÉCRIVEZ AUTREMENT : LIEU, MÉTHODE, SUPPORT...

Peut-être que vous essayer à une autre activité n'est pas une idée qui vous enthousiasme. Peut-être même que cette perspective vous bloque encore plus. C'est là qu'intervient ma troisième piste : écrire autrement.

- Changez de lieu : associer l'écriture à votre bureau (si vous le percevez comme un espace de travail) vous empêche, peut-être, de l'aborder sereinement. Essayez d'écrire ailleurs.
- Changez de méthode : de façon plus générale, envisagez d'écrire à d'autres horaires, avant d'allumer votre téléphone, avant d'aller sur Internet...
- Changez de support : si l'on peut repousser l'allumage du téléphone, il est plus difficile de repousser celui de l'ordinateur pour écrire. C'est là que l'onglet du navigateur nous attire irrésistiblement, et que l'on finit dans les limbes d'Internet sans avoir écrit une seule ligne. Essayez d'écrire sur papier. Ou vice-versa, si vous écrivez déjà sur papier, mais, attention à ne pas vous laisser attirer par les réseaux sociaux.

Exercice n° 23 :

Ce chapitre 19 est un exercice à part entière. N'hésitez pas à piocher dans les propositions qui vous sont faites pour changer vos habitudes et essayer de (re) lancer votre écriture.

20. SOLUTIONS À METTRE EN PLACE –
1 : TENIR UN JOURNAL
D'AUTEUR·RICE

L'écriture par l'écriture. Cela vous paraît un poil cryptique ? Flou ? Il s'agit seulement d'améliorer son processus créatif par l'écriture. Dans ce chapitre, je vous parle de non-fiction et de comment mon journal d'autrice m'aide à cerner mes défauts en écriture.

À quoi me sert-il, plus précisément ? Qu'est-ce que j'y note exactement ? Pourquoi m'est-il utile dans la vie de tous les jours, en tant qu'autrice ?

Certain·e·s l'appellent aussi « journal d'écriture », mais le principe reste le même : noter ses pensées, en tant qu'auteur·rice pour pouvoir les relire plus tard. Il peut s'agir de conseils pour la version future de soi-même, d'un nouveau processus créatif à expérimenter, de notes pour aborder une nouvelle méthode... C'est absolument comme chacun·e veut, tant que ce journal permet à l'auteur·rice de se construire et qu'il apporte une plus-value à son écriture.

Parmi les habitué·e·s au journal d'auteur·rice, beaucoup jettent sur papier des réflexions sur l'instant. Il s'agit, essentiellement, d'une prise de notes sur laquelle iels reviendront plus tard, avec un regard neuf et, peut-être, plus d'expérience ou de recul.

Pour ma part, je concentre mon journal d'autrice sur du contenu structuré. Le plus souvent, je ne touche presque pas aux articles de blog qui en découlent. (J'en remanie les phrases, peaufine les détails et ordonne les idées au besoin.)

D'autres utilisent leur journal d'auteur·rice pour structurer leurs textes, réunir plans et fiches en un seul endroit. Il s'agit, ici, d'offrir une vue d'ensemble sur les travaux en cours, pas de porter une réflexion sur son écriture.

Enfin, on peut aussi employer son journal d'auteur·rice comme un journal intime d'écriture. Certain·e·s y écrivent un peu, avant d'entamer une session d'écriture : un court texte, les objectifs du jour, *des To-Do Lists* en tout genre...

Carnet d'idées, avancement de projets, écriture automatique... Le journal d'auteur·rice s'adresse aux personnes désireuses de se construire par rapport à l'écriture ou d'apprendre à mieux se connaître.

Les possibilités qu'offre un journal d'auteur·rice sont très variées. On peut y noter ses inspirations, compléter un tableau des avancées (presque aussi efficace qu'un carré de chocolat à chaque quota de mots bouclés et moins cher !), rendre compte de ses sentiments vis-à-vis d'une session d'écriture, en analyser le contenu et les moyens mis en place pour y parvenir.

Le blog (que je tiens depuis plus de dix ans sous des formes diverses et variées) m'a toujours servi de journal d'autrice. Seulement, je ne l'avais pas encore réalisé jusqu'à il y a peu. Comme j'ai de plus en plus besoin d'extérioriser mes ressentis par rapport à l'écriture (parce qu'elle me comble et me pourrit la vie dans une même mesure), j'ai trouvé que le journal d'auteur·rice était un super compromis. Il m'a, néanmoins, fallu du temps avant d'en tirer les bénéfices que j'espérais.

Quand je relis des articles de mon ancien blog (qui n'est pourtant pas si vieux), je m'aperçois d'une grande différence dans ma perception de l'écriture. Je vois le métier autrement, avec un regard plus expérimenté, plus critique. Des procédés qu'il me paraissait naturel de suivre à l'époque me sont totalement dépassés, maintenant. C'est normal, mais c'est surtout en ayant gardé une trace de ces articles que, aujourd'hui, je suis en mesure de retracer concrètement le chemin parcouru.

Je considère mon journal d'autrice comme une continuité à mon blog d'avant, celui qui voyait défiler des articles dans le plus grand désordre. Aujourd'hui, je structure le blog par rapport à mes réflexions du moment.

Normalement, les articles du blog découlent, plus qu'avant, d'une réflexion actuelle que j'ai conduite dans mon journal d'autrice. Je reviens sur certains points de l'actualité littéraire ou fais part de méthodes nouvellement acquises. Il est devenu un vrai outil de travail. Je m'en sers, surtout, comme d'un fil rouge sur mon écriture. Il me permet de relativiser, de faire le point, anticiper... S'il m'est utile aujourd'hui, je sais qu'il le sera encore demain, car mon écriture évoluera toujours. Mon rapport à elle aussi.

Exercice n° 24 :

L'espace d'une semaine ou deux, écrivez, chaque fois que le besoin s'en fait ressentir, dans un journal. (Ou dans votre Bullet Journal, comme je le fais.) Faites part de vos doutes, de vos impressions, de vos avancées. Ne vous focalisez pas sur le négatif. Vous verrez, plus tard, si vous poursuivez l'exercice sur plusieurs mois, que certaines situations se répéteront, et vous pourrez piocher dans vos solutions d'alors pour les adapter.

21. SOLUTIONS À METTRE EN PLACE – 2 : LA TECHNIQUE POMODORO

La technique Pomodoro est très simple : elle consiste à consacrer vingt-cinq minutes à une tâche, avant de s'accorder cinq minutes de pause, puis recommencer autant de fois que possible ou nécessaire. La technique Pomodoro a ceci de génial qu'elle n'exige pas d'autre outil qu'un *timer*. (Et on en a tou·te·s un sur notre smartphone.)

La technique Pomodoro se découpe comme suit :

1. 25 minutes sur une tâche – 5 minutes de pause
2. 25 minutes sur une tâche – 5 minutes de pause
3. 25 minutes sur une tâche – 5 minutes de pause
4. 25 minutes sur une tâche – 15-20 minutes de pause.
   (C'est-à-dire que vous vous octroyez une pause plus longue tous les quatre *pomodori*.)

Pour l'anecdote, sachez que *Pomodoro* signifie « tomate ». (De la forme du minuteur du créateur de la technique.) Et, c'est logiquement que *pomodori* est son pluriel.

LES ÉTAPES D'UN POMODORO RÉUSSI

Un Pomodoro réussi est un Pomodoro qui a été réfléchi. On évite de se lancer tête baissée, car les résultats ne se révéleront pas concluants :

- on décide de la tâche à accomplir (pas toutes en même temps !) : se focaliser sur une tâche précise est essentiel pour que le cerveau ne parte pas dans tous les sens. On ne peut pas tout faire en même temps. On ne peut pas penser à tout en même temps. C'est anxiogène et contre-productif
- on travaille sur la tâche sélectionnée jusqu'à la sonnerie (et pas une minute de plus) : se concentrer sur une période donnée permet de s'y mettre tout de suite, sans possibilité de repousser. Se réserver un créneau et ne pas travailler en dehors est un contrat que l'on passe avec soi-même : au-delà du temps imparti, on passe à autre chose. Il est important de pouvoir se discipliner
- on prend une pause de cinq minutes (on ne la néglige surtout pas) : il y a un temps pour travailler et un autre pour souffler.

J'ajouterai qu'un Pomodoro réussi est un Pomodoro qui vous correspond. Personnellement, je peine à me consacrer plus de vingt minutes d'affilée ; j'ai donc opté pour une version simplifiée :

1. 20 minutes sur une tâche – 5 minutes de pause
2. 20 minutes sur une tâche – 5 minutes de pause. (*Et cetera.*)

LES INTÉRÊTS À TIRER D'UNE TELLE TECHNIQUE

Dans le paragraphe précédent, j'ai déjà évoqué quelques bienfaits liés à la technique Pomodoro, mais il y a, en réalité, deux points majeurs sur lesquels j'aimerais revenir.

Le cerveau n'aime pas les plages horaires trop étendues parce qu'il se dit qu'il a tout le temps pour la tâche sélectionnée et finit par s'y mettre dans l'urgence. Ceci est une mauvaise façon de procéder. Elle suscite du stress et en appelle à un rythme qui ne peut pas être tenu indéfiniment. À terme, vous vous mettrez en retard dans vos *deadlines* personnelles, puis professionnelles. Tout deviendra une bonne excuse, à commencer par le sempiternel « Je n'ai pas eu le temps ».

Nous savons tou·te·s que le stress est un bien mauvais collègue de travail. Il favorise l'anxiété, génère des phases de déprime et donne l'impression que rien ne se déroule jamais comme prévu. Il pousse à un manque d'implication, tant la charge de travail accumulé paraît insurmontable, et est un terrain propice aux erreurs. Enfin, il exerce un impact non négligeable sur la santé et l'hygiène de vie, perturbe le sommeil, accroît la fatigue ou la tension artérielle. Nous savons, aussi, que travailler dans de mauvaises conditions de santé n'est pas un plan très séduisant. Des pauses régulières permettent de s'étirer, de se dégourdir les jambes, de boire un verre d'eau ou de s'aérer. (Vous n'imaginez pas tout ce que l'on peut faire en cinq minutes !) En moins de temps, vous écrirez plus. (Pas forcément mieux, faut pas déconner.) Ainsi, vous pourrez profiter d'activités de détente plus longtemps que si vous aviez passé la matinée à repousser l'échéance de votre tâche.

Enfin, il est bien connu que l'on ne peut rester éternellement concentré·e, aussi, se caler des créneaux permet de travailler selon son rythme, les besoins de son planning et ses capacités, sans forcer ni pousser en mode « Encore 500 mots, et j'arrête ». (Il faut savoir s'arrêter sur une idée, plutôt que sur l'absence d'idée ; ceci permet de redémarrer plus facilement à la prochaine session et de s'instaurer une routine.)

Le dictionnaire définit une habitude comme

« La disposition d'une personne à se comporter régulièrement de la même façon, une accoutumance à un fait répété. »

Reproduire une action aide le cerveau à l'identifier comme un geste mécanique, qu'il aura plus de faciliter à reconnaître, puis à reproduire. La boucle est bouclée. C'est, aussi, une manière de faire connaissance avec vous-même, d'analyser vos besoins concrets et vos capacités réelles.

Vos habitudes deviendront un indicateur pour votre cerveau, qui ne les considérera plus comme nouvelles. Vous serez plus rapidement dans de bonnes dispositions pour travailler. Par ailleurs, une routine peut se révéler sécurisante et confortable. (On en revient au stress et à tout ce qu'il génère de négatif, professionnellement, émotionnellement, physiquement et artistiquement.)

Je trouve que la technique Pomodoro est un bon compromis entre travail structuré et repos. En quatre étapes, elle permet de remettre l'auteur·rice au centre de ses propres décisions : c'est lui ou elle qui mène la danse, non plus son absence d'organisation, de motivation ou de concentration. Le Pomodoro permet de (re) partir sur des bases efficaces et d'acquérir de bonnes habitudes, notamment celle d'en garder un peu pour la session de travail suivante.

Exercice n° 25 :

Si la technique Pomodoro ne vous convient pas (pour des questions de planning, de temps, de concentration…), vous pouvez essayer de créer votre propre technique Pomodoro. Pour chaque session d'écriture, selon le jour, notez :

- L'heure à laquelle vous commencez et celle à laquelle vous terminez, puis vos impressions (fatigue, avancées difficiles…)
- Le nombre de mots que vous avez écrits et leur positionnement par rapport à votre moyenne
- Votre niveau de satisfaction. (Pas tant sur le fond et la forme du texte que sur votre capacité à vous adapter, à vous concentrer, à vous motiver…)

Au terme de plusieurs jours, une tendance se dessinera avec vos horaires de performance, ceux où vous êtes davantage concentré·e.

22. SOLUTIONS À METTRE EN PLACE – 3 : TENIR UN BULLET JOURNAL

Plus que jamais, notre rapport au temps se révèle souvent désastreux. La tendance est au gain de temps, à la rentabilité de celui-ci. Je lis de plus en plus de personnes qui souhaiteraient des journées de 48 heures. Dans le lot, il y en a forcément qui manquent, en réalité, non pas de temps, mais d'organisation ou de motivation. Cela tombe bien, car le Bullet Journal (BuJo pour les intimes) se pose en organisateur et en motivateur.

Travaillant toujours sur plusieurs projets en même temps (préparation d'un roman, écriture, corrections, chaîne, blog...), j'ai dû apprendre à m'organiser. La gestion de mon temps n'a pas toujours été celle d'aujourd'hui, car j'ai surtout appris à donner du temps au temps. Je m'explique.

J'ai rarement besoin de plus d'heures dans une journée, plutôt de concentration, d'organisation et de motivation. Pour la première, je fais généralement appel à Noisli. (J'en ai déjà parlé dans le chapitre 4.) Pour les deux autres, mon Bullet Journal s'en charge. Il me permet d'ordonner mes pensées et de les organiser à la semaine. (Vous ai-je déjà dit combien je préfère les semainiers ?)

LE BULLET JOURNAL : POUR QUI, POURQUOI ?

J'aurais tendance à dire que le Bullet Journal est destiné aux désorganisé·e·s, aux têtes en l'air (comme moi), aux personnes qui se sentent débordé·e·s ou avec plusieurs casquettes/identités à gérer. Je parle d'identités parce que j'écris aussi sous pseudo et que je connais d'autres auteur·rice·s qui le font.

En vérité, le Bullet Journal est pour tous ceux et toutes celles qui souhaitent s'organiser ou se réorganiser, gérer leur temps, gagner en efficacité et se motiver. Car, repérer en un clin d'œil toutes les tâches déjà effectuées au cours de la semaine, je ne connais rien de plus motivant. (À part le café, mais c'est mon amour immodéré de la caféine qui parle.)

UN SEMAINIER POUR VÉRIFIER/ACCOMPLIR/RAYER LES TÂCHES EN UN CLIN D'ŒIL

Si je résume, je dois donc jongler entre ma casquette d'autrice, d'autrice sous pseudo, d'autoéditée (x2), de blogueuse et de modeste YouTubeuse et podcasteuse.

Il me faut aussi composer avec de nombreux TOC (Troubles Obsessionnels Compulsifs) organisationnels, de vérification et de symétrie. J'ai des rituels très précis, des horaires et des difficultés à prendre des décisions, car, quoi que je fasse, je me dis que c'est le contraire qui se produira. (Même si cela se vérifie de moins en moins.)

Le Bullet Journal est, donc, pour moi, un merveilleux outil, une place nette qui contraste avec mon bureau. Je m'en sers pour mettre de l'ordre dans ma tête, car, vous l'aurez compris, elle est encombrée de pas mal de futilités obsessionnelles. Par ailleurs, j'avais tendance à établir des *To-Do Lists* pour tout et n'importe quoi. Aujourd'hui, je les regroupe et les ordonne dans mon BuJo, et tout devient beaucoup plus clair.

GAGNER EN EFFICACITÉ

Sur les réseaux sociaux, certain·e·s saluent parfois mon efficacité. Après un an à tâter le terrain (j'ai vraiment eu l'impression de devoir tout recommencer entre 2015 et 2016), j'ai opté pour le Bullet Journal. Tout le monde en parlait alors.

J'ai, néanmoins, dû me résoudre à le bidouiller à ma façon pour en faire un vrai outil pour l'écriture. Chez moi, pas de *trackers* ménage, lessive, mais des pages dédiées à l'évolution de mes romans, au Camp NaNoWriMo, à mes droits d'autrice, aux objectifs par trimestre...

L'important est d'avoir un Bullet Journal qui vous ressemble. Il est inutile d'essayer de copier les pages et les illustrations des autres, surtout si vous reprenez exactement les mêmes. L'idée du BuJo est de l'alimenter selon vos envies, vos besoins et de le modeler à l'infini. Il existe autant de modèles que d'utilisateur·trice·s ! (Mais, je vous en parle plus en détail dans le paragraphe suivant.)

En l'adaptant à votre demande, vous aurez, non seulement, plus de plaisir à l'ouvrir, à lister, à le décorer (si tant est que vous en ayez envie), mais vous le continuerez. Soyez déçu·e de ne pas atteindre le niveau de certaines personnes avec leur BuJo et vous ne vous en servirez pas.

Vous l'aurez compris, le Bullet Journal est à la fois un outil de travail et un moyen de se vider la tête, voire de se rassurer. Mais, il peut aussi vite devenir une source de pression, et, afin que vous profitiez au maximum de « l'expérience », j'ai listé six astuces pour tenir un Bullet Journal sans pression.

6 ASTUCES POUR TENIR UN BULLET JOURNAL SANS PRESSION

C'est une question qui revient souvent : « Comment tu fais pour tenir/remplir ton Bullet Journal, pour avoir envie de l'utiliser ? » Alors, aujourd'hui, j'ai décidé d'y revenir plus en détail et d'analyser tranquillement les raisons qui font que tu as un Bullet Journal, mais que tu n'y reviens pas pour noter tout ce que tu as à noter.

Astuce n° 1 : en avoir envie

Vous vous en êtes peut-être rendu compte avec mon intro, mais l'une des réponses est dans la question « Comment tu fais pour avoir envie d'utiliser ton Bullet Journal ? »

Tout d'abord, pour remplir votre Bullet Journal, il faut en avoir envie. Trouvez un style qui vous plaît, qu'il soit plein de détails ou, au contraire, minimaliste. Vous pouvez opter pour de la couleur ou le noir et blanc. N'hésitez pas à regarder des vidéos Plan With Me sur YouTube, à chercher des photos sur Instagram avec le hashtag #bulletjournal... pour trouver l'inspiration. Reprenez les idées de pages des autres et ajoutez-y votre propre patte. Si vous ne voulez pas dessiner, colle des photos, des stickers, du masking-tape, des tickets de cinéma, des fleurs séchées, des tissus... Recopiez des citations qui vous inspirent, des paroles de chansons, des mantras, des recettes...

Vous devez avoir envie de revenir à votre Bullet Journal, aménager vos pages de façon à vouloir y écrire vos notes, vos rendez-vous, vos tâches, vos progressions. Pour ça – et c'est là mon astuce n° 2 –, contentez-vous des pages dont vous avez besoin.

Astuce n° 2 : en avoir besoin

Vous inspirer des pages des autres, c'est bien. Vous inspirer des pages dont vous avez besoin, c'est mieux.

Moi, par exemple, j'ai eu besoin, pendant deux mois, d'un *tracker* de sommeil, mais, aujourd'hui, ça va. Je m'en suis donc, tout simplement, débarrassée. Mais, ça va au-delà de ça.

Le Bullet Journal est un concept très codifié. Certaines pages portent un certain nom, d'autres semblent toujours revenir dans les vidéos, il y a les clés. (C'est-à-dire les petits symboles qui vous permettent de savoir où vous en êtes de vos tâches : effectuée, reportée, annulée...) Le Bullet Journal est aussi, à la base, un outil destiné à te faciliter l'organisation, pas à chercher si vous devez mettre une petite croix, un rond vide ou un rond plein à côté de vos tâches du jour selon leur avancement. Ceci pour dire que, si vous n'avez pas envie d'utiliser les clés, faites comme moi et ignorez leur existence. Si vous préférez vous réserver un encart à compléter chaque fois que vous reportez une tâche, rien ne vous en empêche. Vous faites comme vous voulez, vous utilisez l'espace comme bon vous semble.

Astuce n⁰ 3 : votre Bullet Journal, votre espace

Souvent, quand on commence un Bullet Journal, on ne peut pas s'empêcher de rester admiratif·ve devant la réalisation des autres : encres, aquarelles, collage... Et, vous avez, peut-être, l'impression de ne pas leur arriver à la cheville. Ça tombe bien parce que ce n'est vraiment pas le but. Le Bullet Journal n'est pas là pour vous coller une pression monstrueuse, mais pour vous accompagner dans votre quotidien. Il s'agit de votre espace dans lequel vous intégrez ce dont vous avez besoin de la manière qui vous plaît.

Tenir un Bullet Journal doit vous faire plaisir. Je le disais dans le premier point, pour y revenir, il faut en avoir envie, et, pour en avoir envie, cet espace doit vous ressembler. Certain·e·s utilisent un carnet classique, au format A5, pointillé. D'autres utilisent un *Traveler's Notebook*. D'autres, encore, préfèrent les pages vierges ou un Filofax. Vous pouvez y réserver des pages pour de l'écriture automatique, pour votre journal intime, votre journal d'auteur·rice ; insérer vos gratitudes dans chaque espace consacré à vos journées, plutôt que sur une page dédiée... et y revenir quand vous le souhaitez.

Astuce n° 4 : la fréquence d'utilisation

Le Bullet Journal existe pour que vous puissiez vous organiser plus simplement, avec tous les outils dont vous avez besoin sous la main. Personne n'a jamais dit que vous deviez l'utiliser chaque jour. Si une double page hebdomadaire (découpée par journée) ne vous intéresse pas, vous pouvez opter pour une *To-Do List* à la semaine, dans laquelle vous viendrez piocher selon votre temps disponible et l'importance, voire l'urgence, de certaines tâches.

La fréquence d'utilisation de votre Bullet Journal doit correspondre à vos besoins. Moi, avant, j'utilisais mon exemple de *To-Do List* hebdomadaire. Certain·e·s utilisent le principe de la *Master List*, c'est-à-dire une méga liste avec tout ce que vous avez à faire pour le mois. À vous de voir ce qui vous convient le mieux, à la fois pour la praticité et la répétition de certaines tâches, la programmation de contenus pour votre blog, votre chaîne, vos réseaux sociaux et la gestion de vos mails.

Vous dire que vous n'ouvrirez désormais votre Bullet Journal que par nécessité, plutôt que par « effet de mode » vous permettra de le voir comme ce qu'il est vraiment : un carnet utile, destiné à faciliter votre quotidien, votre semaine ou votre mois, selon ce qui vous arrange. Et, si ça ne fonctionne toujours pas, je ne vois qu'une raison à ça.

Astuce n° 5 : le Bullet Journal n'est peut-être pas pour vous

Si un support, une fréquence d'utilisation, une décoration adaptés à vos besoins et à vos envies ne vous motivent toujours pas à remplir votre Bullet Journal (à vous en servir, quoi), c'est, peut-être, que cet outil n'est pas pour vous. Ça arrive.

Vous pouvez en revenir à l'agenda classique (même si on sait tou·te·s qu'il y a plein de pages dont on ne se servait déjà pas pendant notre scolarité, alors, aujourd'hui...) ou créer votre propre méthode. (Parfois, des rectangles avec des listes griffonnées, uniquement quand on en a besoin, même si c'est un jour sur cinq, c'est ce qui fonctionne.) À moins qu'il existe une ultime astuce...

Astuce n° 6 : le Bullet Journal prérempli

Le Bullet Journal prérempli peut être une alternative intéressante. Vous disposez de pages déjà prêtes : mensuelles, hebdomadaires, calendriers... Les cadres sont déjà tracés, les espaces déjà prévus pour noter vos dates, vos listes... En revanche, un modèle prérempli laisse peu de place aux autres pages, telles que les gratitudes, la *Master List*, si vous en utilisez une, le suivi de vos projets... Néanmoins, pour un début, il peut se révéler plus intuitif pour le choix de votre prochain carnet, pour savoir réellement ce qui vous convient ou non et pour vous rendre compte des pages que vous utilisez vraiment.

J'espère que ce chapitre vous permettra de pouvoir utiliser ce formidable outil qu'est le Bullet Journal, de le décorer à votre guise, sans vous mettre la pression par rapport aux créations des autres. N'oubliez pas qu'il doit, avant tout, vous correspondre. Il n'a pas à devenir une œuvre d'art, et, si vous voulez essayer quand même, il existe mille et une façons de l'embellir.

Exercice n° 26 :

Avant d'envisager de vous lancer dans le Bullet Journal, voyez à déterminer ce dont vous avez besoin et, surtout, à vous concentrer sur le minimum. (Le reste peut devenir une distraction, voire une contrainte ou une forme de pression.)

Au début, il vous faut essentiellement :
- De quoi vous organiser
- Ne pas vous mettre la pression
- Allier efficacité et besoins.

Pour ce faire, ne programmez pas plus de trois tâches par jour. Découpez en petites tâches celles qui nécessitent plus de temps. (Il est important que vous vous sentiez avancer dans votre projet.) Fixez-vous des objectifs réalisables. (Les remplir vous donnera plus de satisfaction que si vous les atteignez après les avoir repoussés pendant longtemps. Ainsi, vous ne laissez pas la lassitude s'installer.)

Exercice n° 27 :

Une fois que vous vous êtes familiarisé·e avec le principe du Bullet Journal (sans vraiment en tenir un), listez vos difficultés relatives à :
- La mise en place de vos objectifs
- La tenue de vos objectifs
- Le respect de vos limites.

23. CES POINTS À NE PAS OUBLIER POUR RELÂCHER DE LA PRESSION

Dans les chapitres précédents, j'évoquais le cas de la pression : des *deadlines*, de la comparaison aux autres, du premier jet parfait, et c'est justement ce point qui nous intéresse, maintenant. Parce que, mine de rien, la quête de la perfection – ou, au moins, du meilleur possible – peut vite tourner au blocage.

Ce chapitre revient sur des notions que j'ai acquises au cours de mes NaNoWriMo, notamment. Il se penche sur les défauts de fabrication du premier jet, le rapport de l'auteur·rice avec celui-ci la culpabilité en écriture. Même si la première partie est assez ciblée sur le NaNoWriMo, j'estime qu'elle reste vraie même en dehors de tout défi d'écriture.

LES DÉFAUTS DE FABRICATION DU PREMIER JET

Je me souviens avoir écrit, un jour : « Je sais que le NaNo-WriMo nous demande juste d'écrire un roman en 30 jours, mais finir avec un torchon, non merci. J'ai mes principes. » J'ai aussi précisé détester écrire sale.

Cet article s'adresse surtout à celleux qui sont obnubilé·e·s par la propreté de leur premier jet et tenté·e·s de relire cinquante fois leurs dernières phrases, avant d'écrire la suite.

J'expose ici un vrai problème. Certaines personnes ne parviennent pas à s'immerger complètement dans leur texte, à écrire sans y réfléchir, sans penser à tous ces défauts de fabrication qui s'accumulent, et, le NaNoWriMo aidant (ou tout autre défi d'écriture en groupe ou solitaire), cette peur de mal faire ou de ne jamais en voir le bout augmente. Qu'à cela ne tienne.

Il nous arrive à tou·te·s, je crois, de lorgner sur nos dernières phrases, nos dernières idées et de ne pas en penser le plus grand bien. Tel point aurait besoin qu'on le remanie, ce dialogue est trop long pour sonner juste, ce personnage devrait apprendre à la boucler, car il parle pour ne rien dire.

Écrire un roman, qu'il soit le premier ou le quinzième, reste un défi en soi. C'est un challenge que l'on veut relever. Écrire un roman en un mois est une autre paire de manches, et on veut se prouver qu'on en est capable. Malheureusement, ce qui est permis à l'un·e ne l'est pas permis à l'autre. Chacun·e avance à sa manière, mais il existe quelques trucs et astuces qui permettent, non pas de réussir les doigts dans le nez, mais de relativiser. Car il y a beaucoup de choses à gagner en participant au NaNoWriMo :

concentration, régularité, capacité à gérer (plus ou moins) en un temps record, rigueur…

Apprendre à se détacher du texte me paraît judicieux, mais, si vos petites habitudes ne vous ralentissent pas ou ne vous empêchent pas d'écrire, tout va bien. À chacun·e sa méthode.

Qu'il soit minutieusement préparé ou non, votre roman traînera toujours ses casseroles. Rassurez-vous, un jour, vos perles vous feront bien marrer, NaNoWriMo ou pas. Je ne dis pas que la mise en condition est toujours aisée ; il y a des hauts, des bas, bref, ce sont les montagnes russes, et tout et n'importe quoi peuvent impacter votre (routine d') écriture. Absolument tout : une journée tendue, le chat malade, une fuite d'eau, la fatigue, pas envie… Raison de plus – quitte à écrire chaque jour – pour vite boucler son quota quotidien et filer dans un bon bain, devant sa série télé favorite ou plonger le nez dans un bon livre.

Pour cela, il n'y a pas de secret : on ne lambine pas et on verra bien ce que ça donne une fois le point final posé. Souvent, après, ça pique les yeux, mais commencez déjà par vous rôder. La propreté viendra plus tard. Dites-vous que certain·e·s auteur·rice·s n'ont jamais été et ne seront jamais fichu·e·s d'écrire un premier jet propre.

Il y a un mot à votre ralentissement : la culpabilité. Celle de ne pas réussir, de ne pas respecter les clauses du contrat que l'on a passé avec soi-même, de faire moins bien que les autres.

Primo, qu'est-ce qui vous dit que vous faites moins bien que les autres ? Qu'est-ce qui vous garantit que le roman de X ou Y est de toute beauté, qu'il est écrit avec l'efficacité que vous vous reprochez de ne pas atteindre ?

Deusio, dans l'optique d'une publication, qu'est-ce qui vous fait croire que le roman de Z sera accepté chez un éditeur·rice ou qu'il marchera en autoédition ? Comment pouvez-vous vous assurer de la vie de ce texte au-delà de son écriture ?

Tertio, laissez-vous aller et ne vous préoccupez pas des autres. C'est mauvais pour le moral quand le *wordcount* des autres atteint des sommets, et vous risquez de tomber dans le piège de la compétition bête et méchante.

Enfin, gardez à l'esprit qu'écrire, même s'il s'agit d'un travail, doit rester un plaisir, mais, aussi et surtout, que vous n'êtes pas là pour épater la galerie. Une dernière astuce : dites-vous que, même si vous aviez prévu le déroulé de votre roman jusque dans les toutes petites lignes, il se peut que vous n'ayez pas tout prévu.

ÉCRIRE, CE N'EST PAS PRÉVOIR ABSOLUMENT TOUT

Écrire, ce n'est pas seulement tout prévoir. Écrire, c'est aussi beaucoup d'improvisation, au détour d'un changement par exemple. (Pour une question de cohérence, de dates, de disposition spatiale…)

Écrire, c'est s'aménager des portes de sortie pour le cas où, et le cas se présente toujours, sachez-le. Écrire, c'est apprendre à composer avec ce qui a été changé, puis à se débrouiller pour que les morceaux collent entre eux. Écrire, c'est s'adapter à l'histoire et à ses besoins.

Je ne m'épancherai pas, ici, sur ce qu'est un récit intéressant, car là n'est pas le sujet. Aujourd'hui, je me penche sur l'écriture, ses bases et ses aléas. À commencer par la nécessité de savoir improviser, jongler avec ce qui doit bouger par rapport à ce qui ne changera pas. À ne pas faire une fatalité des changements qu'il faut apporter, encore moins de tout ce qui en découle.

L'improvisation, en écriture, consiste à garder un point de vue global sur l'intrigue et être en mesure d'apporter les modifications nécessaires, sans toucher à la structure de base. (Pour rappel, ce que j'appelle « structure de base » est ce qui restera intact après bidouillages intensifs.)

Écrire, c'est maîtriser l'art de l'improvisation. Mieux : se l'approprier. C'est apprendre à contourner les problèmes après des changements, modifier la suite du récit en conséquence et revoir le début pour lier le tout et faire comme si rien n'avait jamais changé.

Si l'on conseille souvent aux jeunes auteur·rice·s de préparer un synopsis de travail, il n'est absolument pas impossible d'écrire un premier roman sans synopsis.

Cette façon de procéder porte même un nom : la technique du jardinier. L'auteur·rice sème des graines et voit, au fur et à mesure, ce qu'iel peut en tirer.

Je dirais que cette méthode nécessite de savoir à l'avance où l'on va – au moins dans les grandes lignes – pour éviter les mauvaises surprises et les blocages. Il s'agit, ici, de connaître les charnières du texte (dans le meilleur des cas), sans avoir encore posé le détail ni la façon dont les personnages vont atteindre la fin du roman. (Ou ne pas l'atteindre s'ils expirent en route.)

Pour les plus précis·e·s d'entre nous, on emploie le qualificatif d'« architecte ». Évidemment, vous pouvez être jardinier·ère ou architecte, au choix, selon chaque texte, voire les deux en même temps.

Quel que soit le procédé, on a tendance à conseiller aux auteur·rice·s d'apprendre à tout prévoir, au cours de l'écriture. J'y apporterai une nuance. Puisque tout prévoir amènera, d'une façon ou d'une autre, à devoir composer avec les imprévus pour des soucis scénaristiques, l'idée serait plutôt de concilier synopsis (pour celleux qui en auront préparé un) et improvisation. (En mode rattrapage de grosses boulettes, parfois.)

Écrire, c'est aussi puiser dans une part de hasard. C'est apprendre à faire coïncider deux éléments qu'*a priori*, rien ne prédestinait à fonctionner ensemble. C'est beaucoup tâtonner, au début, puis on réunit des idées à la vitesse de l'éclair, une fois qu'on a l'habitude. C'est se dire « Puisque je ne peux pas faire comme ça, pour une raison X ou Y, je vais tenter autre chose. » Et, à force de bidouiller des trucs, on apprend de ses erreurs et de ses maladresses, on commence à comprendre sa manière de fonctionner et de réfléchir. Surtout, on s'adapte à l'histoire et à ses besoins.

Écrire, c'est s'adapter à l'histoire et à ses besoins.
Entre imaginer une histoire et la raconter, il y a un gouffre. Les personnages se mettront en travers de votre chemin. L'enchaînement des péripéties vous donnera du fil à retordre. Les incohérences vous rendront peut-être chèvre. Tout ça dans un seul et même roman. Surtout si vous vous obstinez à conserver des éléments fauteurs de trouble.

Écrire, c'est s'adapter au récit. C'est apprendre à faire des concessions, à ne pas mettre toutes les idées dans le même texte. (C'est pareil que pour le proverbe des œufs et du panier.)

Écrire, c'est se mettre au service d'une histoire, de personnages qui vont raconter cette histoire, qui vont la vivre ou l'ont déjà vécue. C'est devenir celui ou celle qui transmettra, le plus justement possible, les émotions, les atmosphères et étapes qui conduiront læ lecteur·rice au mot « Fin ».

Écrire, c'est aussi parer à toute éventualité, savoir retomber sur ses pattes. C'est anticiper les problèmes et la façon dont on va les résoudre. C'est se demander pourquoi ça cloche, pourquoi ça rendait mieux dans notre tête. Écrire, ce n'est pas prévoir ces problèmes, car on ne peut pas dire avec exactitude quand ils tomberont, à quelle fréquence, ni ce qui nous permettra de les identifier comme tels. Selon la voie que chaque auteur·rice empruntera, le problème se révélera différent. Imaginez un grand *Livre dont vous êtes le héros*. On sait qu'il y aura des embûches, mais on n'a pas plus de détails.

Écrire, c'est toute une organisation. Chacun·e la sienne, pourvu qu'iel en atteigne le bout. Être architecte ou jardinier·ère n'a pas tellement d'importance, puisque chaque auteur·rice nourrit sa propre méthode.

Écrire, c'est ne pas se comparer aux autres et comprendre qu'il existe autant de façons de mener un roman à son terme que d'auteur·rice·s. Écrire, c'est se faire læ messager·ère d'une histoire et mener sa barque comme on l'entend, ne pas faire comme tout le monde.

Écrire, c'est la diversité. (Du moins, on essaye.) C'est, surtout, une part de mystère, alors, il serait dommage de pouvoir absolument tout prévoir, non ?

Exercice n° 28 :

Dans cet exercice, à la fois simple et complexe, listez toutes vos sources de pression.

Revenez-y plus tard, dans un jour ou deux, puis commencez à envisager des solutions. Piochez dans tout ce que vous avez lu dans ce livre et ailleurs, mettez en avant la connaissance de votre propre processus créatif, celle de vos limites et de vos besoins. Relisez toutes les notes prises au long de votre lecture et, enfin, envisagez sérieusement d'appliquer vos solutions à vos problématiques. (Une solution qui émane de vous aura plus de chance de fonctionner, car elle répond à vos besoins, non à ceux des personnes qui auront lu ce bouquin, lequel n'est qu'une voie pour vous ouvrir à vous-mêmes.)

CONCLUSION

Je terminerai ce livre en vous disant de persévérer… mais à votre niveau. Parce que la persévérance, c'est bien, mais de façon consciente et construite.

Et c'est là que je m'explique.

On nous répète sans arrêt qu'il faut persévérer, qu'on n'arrivera à rien si on ne s'accroche pas, que ce soit dans nos études ou, plus tard, dans notre vie professionnelle. On nous dit qu'il faut persister, que les résultats ne nous tomberont pas tout cuits, mais on oublie de nous préciser que cette façon de penser met tout le monde au même niveau. Surtout, on aura tendance à persévérer parce qu'on nous rabâche que c'est le moyen le plus sûr d'atteindre nos objectifs. (C'est la méritocratie en action, ni plus ni moins.)

Je distingue deux problèmes majeurs avec cette pensée unique : le premier, je viens de l'évoquer avec la persévérance comme chemin suivi parce que c'est celui qu'on nous indique. (Je reviendrai sur le second problème juste après celui-ci.) Or, persévérer parce qu'on nous dit que c'est bien, que c'est ce qu'il faut faire, qu'il nous faut entretenir cet état d'esprit pour atteindre nos objectifs est le meilleur moyen de nous dégoûter de toute action qui visera, justement, à essayer de les atteindre. Alors, ce n'est que mon point de vue, mais je pense que la persévérance consciente a plus de chances de nous inciter à persister. Savoir pourquoi l'on persévère, mieux, comprendre pourquoi l'on persévère ne se contente plus de nous donner un but à atteindre, mais, aussi, les raisons qui font que l'on souhaite l'atteindre.

Bien sûr, comprendre pourquoi l'on persévère n'est pas, disons, une donnée accessible en toute circonstance. Pour certain·e·s, il s'agit d'études ennuyeuses. Pour d'autres, d'un emploi dans lequel iels ne s'épanouissent pas.

Plus haut, je parlais de la méritocratie. La méritocratie, je le rappelle, est une

« Hiérarchisation sociale fondée sur le mérite individuel. »

Seul hic : ce mérite s'inscrit dans un contexte concurrentiel, puisque basé sur la théorie que chacun·e puisse atteindre les mêmes objectifs que les autres, avec les mêmes outils en main et au terme d'un laps de temps identique. (L'environnement scolaire en est un exemple frappant.) L'idée est de pousser chacun·e non pas à persévérer, mais à se surpasser... faisant passer ceci pour de la persévérance. Mais vous savez que tout le monde n'est pas au même niveau, que certain·e·s progressent plus ou moins vite, plus ou moins lentement, que d'autres ont besoin de plus de théorie, avant de passer à la pratique... et, dans le cadre de l'écriture d'un roman, c'est exactement pareil. Chacun·e son rythme et chacun·e ses ambitions, à la hauteur de ses capacités, bien sûr.

Votre persévérance n'a pas à s'aligner sur les compétences des autres. (Là, je vous renvoie au chapitre 16.) Ne soyez pas déçu·e si vous acquérez autrement les compétences utiles à l'élaboration de votre roman. Ne culpabilisez pas si vous n'y arrivez pas du premier coup. Ne vous dites pas que vous allez persévérer pour en mettre plein la vue si vous démarquer n'est pas votre but premier. Ne vous forcez pas à suivre un chemin qui ne vous correspond pas ou sur lequel vous pressentez que vous allez vous ennuyer. Gardez-vous des cartes de côté pour les abattre au moment opportun, et, surtout, souvenez-vous que la méritocratie n'est qu'un système qui pousse vers la compétition, alors qu'on peut se démarquer autrement qu'en enfonçant les autres.

UN DERNIER MOT POUR LA FIN

J'espère, sincèrement, que ce livre vous aura été (et vous sera encore !) d'une aide précieuse. J'espère que mes mots auront été à la hauteur de vos espérances, que mes idées auront éveillé en vous un je ne sais quoi de nouvelle conscience.

J'aimerais vous rappeler qu'écrire un roman est un très gros travail, notamment sur soi-même. Il requiert beaucoup d'écoute et de compréhension.

J'espère, aussi, que mon guide vous aura permis d'en comprendre davantage sur la procrastination et de reprendre confiance en vous, là où tou·te·s semblent dire que vous êtes la flemme incarnée, infoutu·e de mener un projet à son terme. Ne soyez pas qui les autres voient en vous et restez fidèles vous-mêmes, c'est là le plus important.

Aude

NOTES

L'AUTRICE

30 ans, autrice, blogueuse, YouTubeuse.

J'aide les auteur·rice·s à dépasser leurs craintes grâce à mes astuces d'écriture et d'organisation.

https://audereco.com

LE BLOG

Mon blog est dédié à l'écriture créative et à l'organisation. Vous y trouverez des astuces d'écriture, des retours d'expérience, des fiches pratiques et des outils.

De grosses nouveautés arrivent dès le 1er novembre 2020.

https://audereco.com

Un index y est à votre disposition afin que vous puissiez retrouver mes différentes ressources (articles, vidéos et podcasts) selon le thème qui vous intéresse : écriture, organisation, édition, autoédition et documentation.

BIBLIOGRAPHIE SÉLECTIVE

Noces d'éternité – Petit Caveau – novella gothique – 2014 – Prix Vampires & Sorcières 2014

Cœur sommeil – autoédition – romance paranormale – 2017

Les Sempiternels – Rocambole – série de fantasy steampunk – 2019

Appartiens-moi Saison 1 – autoédition – série d'Urban Fantasy – 2019

Appartiens-moi Saison 2 – autoédition – série d'Urban Fantasy – octobre 2020